JO SEMOLA

EINFACH. LECKER. BROT.

RICHTIG GUTES BROT, BRÖTCHEN UND GEBÄCK

riva

Inhalt

Vorwort

»HI, ICH BIN JO UND ICH BACKE BROT.«

Willkommen in meiner Rezeptesammlung! Es ist eine Zusammenstellung meiner und eurer Lieblingsrezepte für Brot, Brötchen und Gebäck, die ich im vergangenen Jahr veröffentlich habe, sowie einiger weiterer, exklusiver Rezepte für dieses Buch.

Ich freue mich und bin unglaublich stolz, dir diese Rezepte nun in gedruckter und gebundener Form präsentieren zu dürfen. Sie sind meine Babys, ich habe sie mit Liebe entwickelt und möchte sie dir auch so weitergeben. Jedes einzelne Rezept wurde von mir vor der Veröffentlichung noch einmal überarbeitet, denn auch ich lerne nach wie vor jeden Tag dazu, und so haben sich auch meine älteren Rezepte mit der Zeit leicht verändert.

Erfahrungen werden gemacht, Wissen wird erweitert, daher möchte ich dich mit diesem Buch auch dazu ermutigen, die Rezepte selbst weiterzuentwickeln. Probier sie aus, back sie nach und passe sie nach Belieben an. Geschmäcker sind verschieden und jede*r (Hobby-)Bäcker*in entwickelt nach und nach einen eigenen Stil. Dir kommen meine Teige zu weich vor? Dann reduzier einfach die Wassermenge und mach sie zu deinen Teigen! So viel Wissenschaft auch im Brothandwerk steckt, so viel Kunst und Individualismus spielt ebenfalls eine Rolle. Also trau dich, ran an den Teig, aber mach keinen Scheiß mit Brot!

Mit lieben Grüßen
Jo

Was du vor dem Backen wissen solltest

NICHTS! Nein, wirklich.

Jedes meiner Rezepte in diesem Buch ist so verfasst, dass du es absolut ohne jegliche Vorkenntnisse nachbacken kannst. Auch – oder nein vor allem – wenn du keinerlei Vorkenntnisse hast, möchte ich dich ermutigen, den Theorieteil zu überspringen und dich direkt an dein erstes Brot zu machen. Sollten während des Backens Fragen auftauchen, kannst du immer noch nachblättern und in meinem Buch oder online nach passenden Antworten suchen. Am Ende lernen wir aus Fehlern und Erfahrungen doch viel mehr als auf Basis trockener Theorie. So jedenfalls habe ich vor fünf Jahren mein erstes Brot gebacken, und glaube mir, es war weit davon entfernt, perfekt zu sein, aber es war genießbar und allem voran der Grundstein für dieses Buch.

Hier in aller Kürze ein paar Angaben, damit keine Missverständnisse entstehen:

RAUMTEMPERATUR

Wenn ich in den Rezepten von Raumtemperatur spreche, gehe ich von etwa 21–22 °C aus. Das ist insofern wichtig, da sich (vor allem für Hefe) die Reifezeiten pro 5 °C mehr oder weniger schon halbieren bzw. verdoppeln. Sollte es also in deiner Küche deutlich wärmer oder kühler sein, beachte das bitte bei der Planung deines Backtages.

REIFEZEITEN

Die Umgebungstemperatur ist nicht der einzige Faktor, der Einfluss auf die Reifezeit hat. Auch Luftdruck, Enzymtätigkeit des Mehls, Ausgangstemperatur der Zutaten und weitere Faktoren können die Reifezeiten verändern. Daher solltest du alle Zeitangaben in den Rezepten eher als Anhaltspunkt verstehen. Trau dich, den Teig kürzer oder länger gehen zu lassen, und hör auf dein Bauchgefühl.

Ein paar Tipps, wie du die Reife deiner Teige einschätzen kannst, findest du auf Seite 13.

MENGENANGABEN

Halte dich – vor allem am Anfang – unbedingt an die Mengenangaben im Rezept. Insbesondere die Mehlmenge sollte nicht verändert werden, da sich alle anderen Mengen auf die Mehlgesamtmenge beziehen.

Bei der Wassermenge ist es hingegen empfehlenswert, immer zunächst 5–10 % des Wassers zurückzubehalten und erst während des Knetens nach Bedarf zum Teig dazuzugeben, bis du das Gefühl hast, dass der Teig weich genug ist.

Der Hintergrund ist, dass verschiedene Mehle unterschiedlich viel Wasser aufnehmen.

FRISCHE HEFE ODER TROCKENHEFE

Ich verwende für jegliches Hefegebäck frische Hefe. Diese kann aber ohne Weiteres, also ohne Qualitätseinbußen, gegen Trockenhefe ausgetauscht werden. Der Umrechnungsfaktor beträgt 1:3. 1g Trockenhefe entspricht also 3g Frischhefe.

Weitere und detaillierte Infos zum Thema Hefe findest du auf Seite 10.

»MIT DAMPF BACKEN« A.K.A. SCHWADEN

Das Erzeugen von Wasserdampf im Ofen wird in der Fachsprache Schwaden genannt und ist wirklich (wirklich!) wichtig, denn es verbessert das Aufgehen des Brotes im Ofen deutlich und sorgt darüber hinaus für eine schöne Kruste. Eine Schüssel voll Wasser in den Ofen zu stellen, ist kein ausreichender Ersatz. Am besten heizt du eine leere Metallschale (z.B. eine alte Kastenform) zusammen mit dem Ofen vor und gießt dann, wenn das Brot in den Ofen kommt, ein kleines Glas Wasser in diese Form und schließt den Ofen sofort. Je mehr Oberfläche, desto mehr Dampf, daher eignen sich größere Formen besser. Idealerweise befinden sich noch Lavasteine in der Form. Das Wasser verdampft dann abrupt, also schnell die Türe schließen!

ZUTATEN

Qualität, vor allem beim Mehl, ist wichtig für gute Backergebnisse. Ich empfehle dir daher, hochwertiges Mehl am besten direkt von einer regionalen Mühle zu beziehen. Das garantiert nicht nur einen besseren Geschmack, sondern wird das Backen auch vereinfachen und schneller zu super Ergebnissen führen. Mit besserem Mehl ist es eben einfacher, ausgezeichnete Brote zu backen.

Mehr zum Thema Mehl und seine (optimalen) Eigenschaften findest du auf Seite 7.

Brotback-Basics

GRUNDAUSSTATTUNG

Was wird mindestens benötigt?

Die wichtigsten Utensilien und gleichzeitig das absolute Minimum sind eine Küchenwaage und ein Ofen, alternativ eine Pfanne oder ein Grill. Theoretisch kannst du damit schon dein erstes Brot backen. Mit ein paar weiteren Utensilien kannst du dir die Arbeit allerdings entscheidend erleichtern. Für einige Spezialanwendungen und zur Optimierung deiner Ergebnisse kannst du dir noch das eine oder andere Profiwerkzeug zulegen.

Grundausstattung

- Küchenwaage
- Backofen
- Rührschüssel

Hilfreich

- Teigkarten
- Feinwaage (auf 0,1 g genau)
- Knetmaschine/Küchenmaschine mit Knethaken
- Metallschale mit Lavasteinen zur kräftigen Dampferzeugung (siehe auch Seite 6 »Mit Dampf backen« a.k.a. Schwaden). *Alternativ*: Brot im gusseisernen Topf backen
- Backofenthermometer
- Backpinsel
- Teigspatel
- Gärkörbe in unterschiedlichen Größen
- Bäckerleinen
- Teigmesser

Spezialgerätschaften für alle, die es richtig ernst meinen

- Backstahl
- Teigwannen
- Dutch Oven
- Spezielle Backformen (z.B. für Toastbrot) oder Holzbackrahmen
- Sprühflasche
- Brotschieber
- Kippdiele (für Baguette und Stangenbrot)

MEHL

Die Bedeutung der Mehlqualität für das Brot

Mehl bildet in fast allen Rezepten den Hauptbestandteil des Brotes, daher ist es logischerweise extrem wichtig, hier auf Qualität zu achten. Hochwertige Mehle punkten nicht nur mit besserem Geschmack, sondern vereinfachen durch ihre besseren Backeigenschaften auch die Verarbeitung. Ich empfehle daher vor allem Einsteiger*innen, qualitativ hochwertiges Mehl zu kaufen, da es damit auch einfacher ist, schnell gute Ergebnisse zu erzielen.

Bei Weizen- und Dinkelmehlen solltest du auf den Eiweißgehalt achten. Dieser sollte bei mindestens 11% liegen. 12–13% sind optimal und echter Eliteweizen kann auch mal 15% und mehr haben.

Getreidesorten und ihre individuellen Eigenschaften

Weizenmehl

Moderner Weizen ist das Ergebnis von Jahrzehnten der Optimierung durch Kreuzung. Er wurde auf hohen Ertrag und optimale Backeigenschaften gezüchtet und bietet auch genau das. Leider macht ihn das für manche Menschen unverträglich. Man muss nicht gleich unter Zöliakie (also Glutenunverträglichkeit) leiden, auch viele andere haben Probleme mit Weizen, sie »vertragen ihn einfach nicht so gut«. Abhilfe können hier Brote mit langer Teigführung, insbesondere Sauerteigbrote, schaffen. Durch die Fermentation werden diese Brote oft deutlich besser verdaulich.

Dinkelmehl

Dinkel ist, genau wie Emmer, Einkorn, Khorasan und einige weitere Getreide, eine ursprüngliche Weizenart. Sie wurden weniger oder kaum gezüchtet und optimiert. Wer mit Weizen Probleme hat, findet die Urformen oft unproblematisch.

Vor allem Dinkel hat allerdings auch ein paar nicht ganz optimale Backeigenschaften. Das ist nicht tragisch, wenn man sich dessen bewusst ist und entsprechend gegensteuert. So sind die Glutenverbindungen in Dinkelteigen deutlich elastischer als bei Weizen. Das führt zu weicheren Teigen mit weniger Stabilität.

Um diese Teige trotzdem stabil genug zu machen, hilft verstärktes Dehnen und Falten (D&F). Während Weizenteige bei jedem Faltvorgang nur einmal von jeder Seite gedehnt und zur Mitte gefaltet werden, genügt das bei Dinkel nicht. Hier sollte in jeder D&F-Runde 3- bis 5-mal von allen Seiten zur Mitte gefaltet werden.

Mehr zum Dehnen und Falten sowie die Techniken findest du auf den Seiten 15–16 sowie im Glossar auf Seite 157.

Außerdem neigen Dinkelteige zum Trockenbacken. Um dem entgegenzuwirken, versuchst du auf die eine oder andere Art, Flüssigkeit im Teig zu binden, die beim Backen nicht entweichen kann. Gängige Methoden hierfür sind etwa Quellstücke oder Kochstücke. Mehr dazu im Glossar (Seiten 158–159).

Roggenmehl

Roggenteige verhalten sich grundlegend anders als weizenbasierte Teige. Sobald der Roggenanteil über 50% liegt, gilt ein Teig als Roggenteig und sollte auch so behandelt werden. Zwischen 30 und 50% müssen die Eigenschaften vom Roggen berücksichtigt werden, und unter 30% kannst du sie vernachlässigen.

Roggen enthält zwar auch Gluten (also Klebereiweiß), zusätzlich jedoch auch noch Pentosane. Pentosane sind Schleimstoffe, die den Aufbau eines Klebergerüsts wie beim Weizen verhindern. Die Schleimstoffe können besser wasserlöslich gemacht werden, indem eine höhere Reifetemperatur gewählt sowie der pH-Wert erhöht wird. Daher ist eine Versäuerung für Roggenteige unerlässlich. Außerdem sollte die Backtemperatur eher höher sein und der Salzgehalt eher niedrig.

Verschiedene Typen – Bedeutung und Unterschiede

Typenbezeichnungen wie 405, 630 oder 1150 geben Auskunft über den Aschegehalt des Mehls in Milligramm pro 100 g Mehl. Um den Mehltyp zu ermitteln, werden 100 g Mehl im sogenannten Muffelofen verbrannt und die zurückbleibende Asche gewogen. Der Messwert führt zur Typennummer des Mehls. Der Aschegehalt wird auch häufig als der Mineralstoffgehalt des Mehls bezeichnet, da das Aschegewicht nahezu identisch ist mit dem anfänglichen Mineralstoffgehalt des Mehls. Ein Dinkelmehl der Type 630 hat demnach einen Mineralstoffgehalt von rund 630 mg pro 100 g Mehl.

Der Mineralstoffgehalt einer Mehlsorte hängt davon ab, wie stark die Körner ausgemahlen wurden. Je mehr vom ursprünglichen Korn ausgemahlen wird, desto mehr Randschichten (Bestandteile der Schale) verbleiben im Mehl. Und gerade in den Randschichten des Getreidekorns stecken die meisten Mineralstoffe, Vitamine und Ballaststoffe. Das bedeutet: Je höher der Ausmahlungsgrad, desto höher ist die Typenzahl und umso dunkler ist das Mehl. Im Gegenzug bedeutet das: Je heller ein Mehl ist, desto ärmer ist es an Vitalstoffen und umso niedriger ist die Typenzahl.

Die einzige Mehlsorte, die gar keine Typenbezeichnung trägt, ist Vollkornmehl, denn hier wird das gesamte Korn ausgemahlen, sodass auch das Mehl noch den Mineralstoffgehalt des ursprünglichen Korns besitzt.

GLUTEN

Die Bedeutung des Klebereiweißes verstehen und es für sich arbeiten lassen

Gluten hat sich in den letzten Jahren keinen besonders guten Ruf erworben, dabei ist es auch einfach nur ein Protein (Eiweiß) wie Tausende andere. Es hat die besondere Eigenschaft, ein sehr dichtes und starkes Netz zu bilden, und ist somit unerlässlich für lockere Brote. Das Glutengerüst sorgt dafür, dass die Gase, die während der Gärung und des Backens entstehen, im Teig gehalten werden.

Dieses Gerüst kann durch ausgiebiges Kneten und durch Dehnen und Falten noch verstärkt werden. Dabei werden immer mehr Schichten des Netzes übereinandergelegt und ineinander verwoben. Das verbessert die Stabilität, das Gashaltevermögen des Teigs und somit schlussendlich die Lockerung des Brotes.

Wie es sich optimal entwickelt – mit viel und wenig Arbeitseinsatz

Gluten entwickelt sich einerseits durch mechanische Bearbeitung des Teigs, aber auch mit der Zeit. Daher kann man sich viel Arbeitseinsatz sparen, indem man den Teig eine sogenannte Autolyse (siehe Glossar Seite 157) machen lässt. Dazu muss man einen Nullteig (siehe Glossar Seite 158) nur aus Mehl und Wasser herstellen und diesen eine gewisse Zeit ruhen lassen. Bewährt haben sich hier 30 Minuten bis zu 3 Stunden. Derweil können sich schon lange Glutenketten entwickeln, die dann während des Knetens und beim Dehnen und Falten ineinander verwoben werden.

HEFE

Was ist Hefe, und wie arbeitet sie (optimal)?

Hefe ist ein einzelliger Pilz, der sich von Zuckerstoffen ernährt. Sie wird – im Gegensatz zu wilden Hefen im Sauerteig – industriell hergestellt und vermehrt und besitzt eine sehr hohe und verlässliche Triebkraft.

Ihre optimale Vermehrungstemperatur liegt bei 26°C, während die optimale Temperatur für die Fermentation (siehe Glossar Seite 158) bei 30–35°C liegt. Die Fermentation kann jedoch auch bei deutlich geringerer Temperatur ablaufen. Dabei arbeitet die Hefe dann entsprechend langsamer und der Teig bekommt so genügend Zeit, um vielfältige Aromen zu entwickeln.

Im Brot sollten nie mehr als 2–3% frische Hefe (bezogen auf die Gesamtmenge der Getreideerzeugnisse) verwendet werden. Gebackenes Brot sollte nie nach Hefe schmecken. Je weniger Hefe im Brot, umso besser das Aroma und umso länger bleibt das Brot frisch.

Über 45°C sterben die Hefepilze. Unter 10°C verlangsamen sich die Stoffwechselprozesse erheblich, unter -7°C werden sie vollständig eingestellt.

Optimale Lagerung und Haltbarmachung

Hefe hält sich ohne Einbußen in der Triebkraft bei 2–6°C bis zu 2 Wochen, bei 0–1°C bis zu vier Wochen. Danach lässt die Triebkraft nach.

Einfrieren von Hefe ist durchaus möglich, und die Triebkraft bleibt dadurch auch unbeeinflusst, da diese enzymatisch abläuft. Allerdings werden die Hefezellen dabei zerstört (sie platzen durch die Kristallisierung der Wassermoleküle) und verlieren dadurch ihre Fähigkeit zur Vermehrung.

Unterschied zwischen frischer und Trockenhefe

Trockenhefe ist dehydrierte Frischhefe, deren Stoffwechsel durch den Feuchtigkeitsgehalt auf nahezu 0 reduziert wurde. So ist sie deutlich länger haltbar, verliert aber nach längerer Zeit trotzdem an Triebkraft.

1g Trockenhefe entspricht 3g Frischhefe. Beide können in diesem Umrechnungsverhältnis beliebig und ohne Qualitätseinbußen ausgetauscht werden.

SAUERTEIG

Natürliche Fermentation für grandiose Ergebnisse

Sauerteig ist für viele Hobbybäcker*innen der End- und Angstgegner schlechthin. Allerdings völlig zu Unrecht, wenn du mich fragst. Also gib dem Sauerteig eine Chance, glaub mir, es lohnt sich!

Trotz all der technischen Definitionen und der Wissenschaft dahinter solltest du Sauerteig einfach wie ein Triebmittel betrachten. Nicht mehr und nicht weniger. Genauso wie Hefe gibst du gemäß Rezept eine bestimmte Menge davon zum Teig und später wirst du mit einem wunderbar lockeren, super aromatischen und sehr bekömmlichen Brot belohnt.

Einer der Gründe, warum Sauerteig viele einschüchtert, ist seine (nur scheinbare!) Unzuverlässigkeit. Es stimmt zwar, dass ein Sauerteig erst einmal herangezüchtet werden und anschließend eine Zeit lang gefüttert werden muss, während Hefe einfach gekauft wird und sofort und planbar einsatzbereit ist. Aber sobald dein Sauerteig einmal »erwachsen« ist, wird auch er sich immer gleich und verlässlich verhalten, und die Ergebnisse sind genauso planbar.

Was ist Sauerteig, und wie unterscheidet er sich von industrieller Hefe?

Sauerteig ist ein durch regelmäßige Zugabe von Mehl und Wasser ständig in Gärung gehaltener Teig. Das klingt jetzt erstmal nach viel Arbeit, aber das ist es nicht – versprochen!

Neben (wilden) Hefen enthält Sauerteig auch noch Milchsäure- und Essigsäurebakterien. Diese sorgen für einen niedrigen pH-Wert und machen den Sauerteig deshalb für Roggenteige unerlässlich.

Aber auch in Weizenteigen hat Sauerteig einen positiven Effekt. Er verbessert die Verträglichkeit sowie das Aroma, die Teigstabilität und die Frischhaltung.

Um die verschiedenen Phasen der Sauerteigreife unterscheiden zu können, werden verschiedene Begriffe verwendet:

- *Sauerteig* ist der Oberbegriff und kann für alle Phasen verwendet werden.
- *Anstellgut* (*ASG*) (oder Starterkultur) bezeichnet den Sauerteig, wenn er vollreif zur Lagerung gestellt wird. Typischerweise wird aus Anstellgut dann für den jeweiligen Backvorgang durch Zugabe von Mehl und Wasser ein Levain hergestellt.
- *Levain* ist eigentlich nur das französische Wort für Sauerteig. Im Deutschen ist die Verwendung des Begriffs zwar nicht so verbreitet, aber ich benutze ihn gern, weil er nochmal eine Besonderheit beschreibt, nämlich den Sauerteig, der individuell für einen bestimmten Brotteig aus ASG herangezogen wird.

Den ersten Sauerteig ansetzen

Um einen Sauerteig anzusetzen, benötigst du genau zwei Zutaten: Mehl und Wasser. Für welches Getreide du dich entscheidest, hängt davon ab, welche Art Brote du später backen möchtest. Roggensauerteig eignet sich für Roggenbrote, Weizen für Weizen, Dinkel für Dinkel und so weiter. Klar, oder? Man kann die Getreidesorten natürlich auch mischen und man kann auch ohne Weiteres einen Weizensauerteig für ein Roggen- oder Dinkelbrot verwenden. Viele Bäcker*innen führen parallel mehrere Starter, ich persönlich habe aber immer nur einen (siehe Seite 12) und nehme dann einen kleinen Weizenanteil im Dinkelbrot in Kauf.

Wichtig ist – wie immer – ein Mehl von guter Qualität. Im besten Fall nimmst du ein Biomehl, denn wir wollen eine spontane Gärung provozieren und benötigen dafür jedes Milchsäurebakterium und jede Hefespore, die sich im Mehl befinden, und davon gibt es mehr, wenn das Getreide nicht mit Pestiziden belastest ist.

An fünf aufeinanderfolgenden Tagen mischst du in einem hohen Gefäß jeweils gleiche Mengen Mehl und Wasser, verrührst diese kräftig und stellst sie abgedeckt (aber nicht luftdicht, also zum Beispiel mit aufgelegtem Deckel) an einen warmen Ort. Es empfiehlt sich, mit kleinen Mengen zu arbeiten, denn nach den fünf Tagen brauchst du von diesem ersten Gemisch nur noch einen kleinen Teil.

Wichtig: *Trust the process!* Es kann sein, dass dein Sauerteig während dieser fünf Tage komische Dinge macht. Er kann merkwürdig bis eklig riechen, er kann an einem Tag blubbern und am nächsten Tag plötzlich gar nichts mehr machen, es kann sich Flüssigkeit absetzen oder es passiert erstmal gar nichts. Aber solange sich kein Schimmel auf dem Sauerteig bildet, kannst du all das getrost ignorieren und stoisch den Plan durchziehen! In diesen fünf Tagen muss der Sauerteig die Mirkoorganismen in ein Gleichwicht bringen, und das kann immer verschieden vonstatten gehen.

Also hier ist der Plan:

- **Tag 1:** Verrühre 20g Mehl mit 20ml Wasser und lass die Mischung abgedeckt an einem warmen Ort (optimal sind 26–28°C) stehen.
- **Tag 2–4:** Rühre jeweils weitere 20g Mehl und 20ml Wasser in die Mischung vom jeweiligen Vorteig und stelle das Gefäß zurück an den warmen Ort.
- **Tag 5:** Nun sollte der Teig bereits angenehm säuerlich riechen und etwas blubbern. In dem Falle hast du nun 160g Anstellgut, das du in der Folge ganz normal pflegen (siehe unten) und damit backen kannst.

Falls das Ergebnis noch nicht befriedigend ist, dann nochmal 20g Mehl und 20ml Wasser zum Teig vom Vortag im Glas mischen, abgedeckt zurück an den warmen Ort stellen und am folgenden Tag abermals probieren.

Den Sauerteig pflegen (füttern)

Hier eine einfache Routine, um dein Anstellgut dauerhaft bei Laune zu halten: Ich frische es in einem Verhältnis von 1:2:2 (= 1 Teil ASG, 2 Teile Mehl und 2 Teile Wasser) auf, um den Sauerteig ausreichend zu füttern, ohne ihn allzu oft auffrischen zu müssen. Alle 2–3 Tage ist ein angemessener Rhythmus. So hast du immer ein relativ aktives Anstellgut zur Verfügung und musst es trotzdem nicht «ständig« auffrischen.

Und weil es mir am Anfang auch nicht ganz klar war: Ja, wenn du von 110g Anstellgut aus dem Kühlschrank beim Auffrischen nur 10g verwenden sollst, musst du die übrigen 100g entweder verarbeiten … oder wegschmeißen.

Die erste Auffrischung an Tag 5 und an allen weiteren Tagen läuft so ab: Du nimmst einen Teil von deinem »alten« Anstellgut und mischst es mit frischem Mehl und Wasser. Diese Mischung gibst du in ein Schraubglas und lässt den Sauerteig idealerweise bei ca. 28°C reifen. Diese Temperatur kann zum Beispiel erreicht werden, wenn du das Licht des Ofens einschaltest und die Ofentür einen kleinen Spalt öffnest. Die Lampen erwärmen den Ofen leicht, und der Spalt verhindert eine zu hohe Temperatur, die den Organismen schaden könnte.

Das Mischverhältnis hängt von der Aktivität deines ASGs und der gewünschten Reifedauer sowie der Temperatur ab. Einen guten Mittelweg bietet das Verhältnis 1:2:2. Das bedeutet 1 Teil ASG, 2 Teile Mehl und 2 Teile Wasser. Damit reift ein erwachsener Sauerteig 4–6 Stunden, bis er nicht weiter an Volumen zunimmt und schließlich wieder in sich zusammenfällt. Diesen Moment des höchsten Wachstums nennt man »Peak«, und es ist der Moment, wenn der Sauerteig spätestens benutzt oder zur Lagerung in den Kühlschrank gestellt werden sollte.

> **TIPP VON JO:** Während der Reife den Deckel immer nur locker aufs Glas legen. So können die entstehenden Gärgase entweichen. Zu Lagerung im Kühlschrank kann der Deckel dann fest aufgeschraubt werden, um Kontamination zu vermeiden.

Einfluss der Temperatur

Es wird zwischen »warmer« Sauerteigführung bei 29–30 °C und »kalter« Sauerteigführung bei 20–22 °C unterschieden. Der Unterschied hat vor allem Auswirkungen auf die Reifedauer und den Geschmack: Bei warmer Führung entsteht ein milderer Sauerteig, da sich die Milchsäurebakterien besser vermehren, während bei kalter Führung durch verstärkte Essigsäureaktivität der Sauerteig eher säuerlich wird.

BROTFEHLER

Fehler erkennen und vermeiden

Die häufigsten Brotfehler sind Untergare und Übergare. Bei Untergare (also zu kurzer Reifezeit) ist die Krume meist sehr kompakt und hat sehr kleine Poren. Meist sind zusätzlich noch einige vereinzelte sehr große Poren vorhanden. Außerdem ist das Brot nicht wie gewünscht aufgegangen, und die Kruste ist kaum oder gar nicht eingerissen.

Bei Übergare ist die Vollgare bereits überschritten, und der Teigling fällt wieder zusammen. Der Teig bietet – wie bei der Untergare – nicht genügend Ofentrieb, aber die Krume ist meist im mittleren Teil des Brotes von länglichen vertikalen Poren durchsetzt und im oberen und unteren Teil der Krume befinden sich sehr kleine Poren.

Um diese Fehler zu vermeiden, sollte man die angegebenen Zeiten in den Rezepten nur als Richtwert verstehen. Wichtiger ist es, den Teig zu beobachten und entsprechend des Reifezustandes weiterzuverarbeiten.

REIFEZUSTAND PRÜFEN

Wie erkenne ich, wann mein Teig reif ist?

Diese Frage kann leider nicht pauschal beantwortet werden, da verschiedene Teige aus unterschiedlichen Zutaten sich anders verhalten. Du wirst mit der Zeit ein Gefühl dafür entwickeln.

Hier sind aber einige Anhaltspunkte, die du beobachten kannst:

- In der Stockgare sollte der Teig einen gewissen Volumenzuwachs aufweisen. Je größer dieser ist, desto grobporiger wird das Ergebnis. Mehr als eine Volumenverdopplung sollte dabei vermieden werden.
- In der Stückgare gilt es, auch das Volumen zu beobachten. Bei etwa 70 % Volumenzuwachs ist eine »knappe Gare« erreicht, die dann noch starken Ofentrieb garantiert. Bei Volumenverdopplung ist in der Regel Vollgare erreicht und es muss sofort gebacken werden.
- Außerdem kann in der Stückgare der »Fingerdrucktest« durchgeführt werden. Hierfür drückst du den Teigling an einer nicht angetrockneten Stelle mit dem Finger leicht ein. Springt die Delle schnell und vollständig zurück, hat der Teig noch Untergare. Springt sie nur langsam und nicht mehr ganz zurück, ist die knappe Gare erreicht und es ist in der Regel Zeit, das Brot zu backen. Bleibt die Delle komplett eingedrückt, ist volle Gare erreicht und es muss sofort gebacken werden.
- Bei roggenlastigen Teigen ist der Fingerdrucktest nicht aussagekräftig und der Reifezustand muss allein anhand des Volumens beurteilt werden.

Knettechniken

»SLAP & FOLD« – WEICHEN TEIG KNETEN

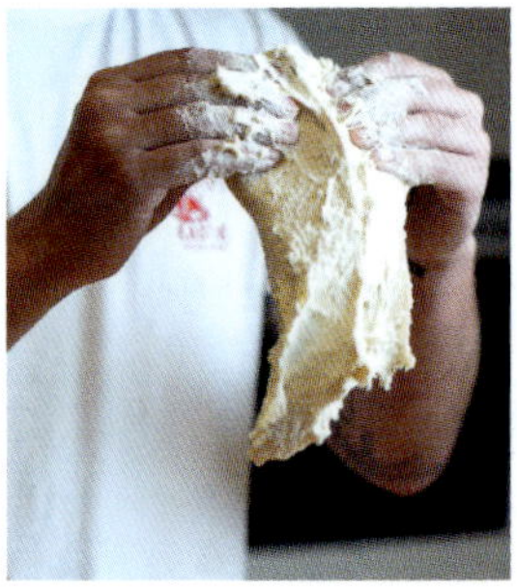

Den Teig vor die Brust heben und das untere Ende vom Körper weg schwingen

Im Schwung nach vorne den Teig auf die Arbeitsplatte schlagen lassen

Den Teig leicht zum Körper ziehen

Vom Körper weg umschlagen

Festdrücken

Den Teig um 90° versetzt wieder aufnehmen und den Vorgang wiederholen, bis der Teig ausgeknetet ist

FESTEN TEIG KNETEN

Den Teig mit dem Handballen andrücken

Nach jedem Handballendruck den Teig leicht rotieren, ein Stück Teig zum Körper hin einfalten und wieder mit dem Ballen festdrücken

Dabei darauf achten, dass die Mitte des Teiges unten immer auf einer Stelle bleibt

Den Vorgang wiederholen, bis der Teig ausgeknetet ist

Dehnen & Falten

WEICHER TEIG »COIL FOLDS«

Hände anfeuchten

Mit je einem Finger mittig unter den Teig greifen

Den Teig nach oben ziehen und anschließend wieder zurückgleiten lassen

Den Vorgang wiederholen

Die Schüssel um 180° drehen und zwei weitere Male falten

Die Schüssel nun um 90° drehen und die erste Seite einmal nach unten einschlagen

Die gegenüberliegende Seite ebenfalls nach unten einschlagen

Das gefaltete Endergebnis

FESTER TEIG

Den Teig leicht platt drücken

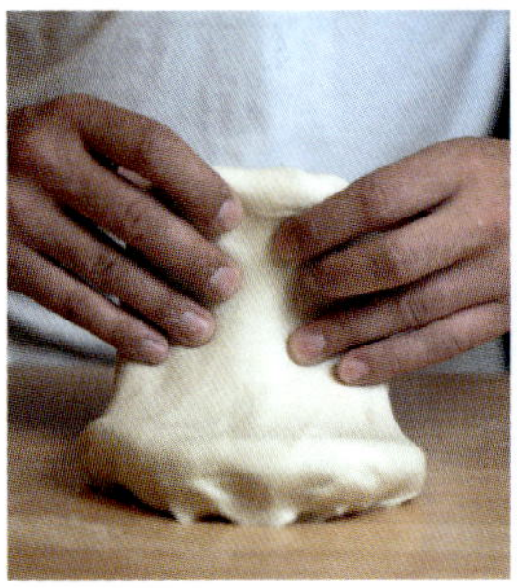

Teig von der ersten Seite halbieren

Andrücken

Teig langziehen und wieder halbieren

Andrücken

Ein weiteres Mal langziehen und halbieren

Andrücken

Rund formen

Wirktechniken für Brot

LANG

Brotkorb bemehlen

Die unteren Ecken nach unten-außen ziehen

Unterkante zu ca. $^1/_3$ einschlagen

Teig mittig fixieren und eine Seite aufnehmen

Die Ecken jeweils zu $^2/_3$ über die Seite schlagen

Wieder mittig fixieren und die zweite Seite aufnehmen

Enden leicht festdrücken

Die obere Spitze aufnehmen

Und komplett nach unten schlagen

Festdrücken

Nun die Seiten wie eine Naht oben zusammennehmen

Über die gesamte Länge wiederholen

Den Teig nun von unten sanft aufrollen

Nicht zu viel Druck ausüben

Ergebnis von vorne

Ergebnis von der Seite

Mit dem Schluss nach oben in das Gärkörbchen legen

Schonend vorgehen

RUND

Brotkorb bemehlen

Den Teig in der Mitte fixieren und eine Lasche zur Mitte falten

Nun die erste Lasche fixieren, die nächste Lasche zur Mitte falten

Unmittelbar daneben eine weitere Lasche zur Mitte falten

Eine Lasche nach der anderen zur Mitte falten

5–9 weitere Laschen ringsherum zur Mitte falten

Den Teig halbieren

Den Teig um 90° verdreht mit den Handflächen greifen

Nun den Teig in einer Vierteldrehung sanft zum Körper ziehen

Diesen Vorgang mehrfach wiederholen, bis Spannung in der Kugel entsteht

Sanft in den Gärkorb legen

STANGE

Teig portionieren

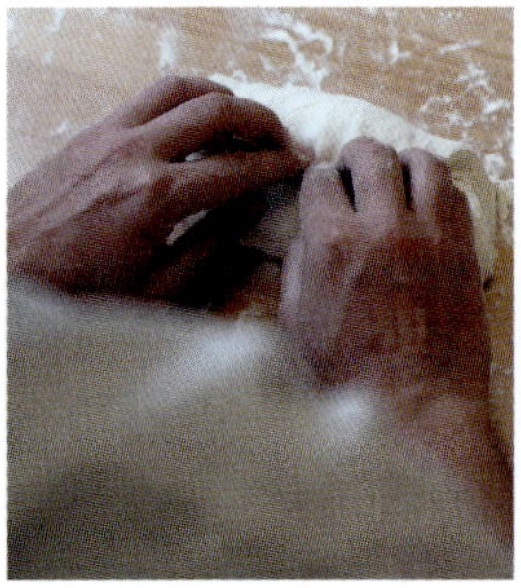
Von oben angefangen den Teig einschlagen und leicht festdrücken

Mehrfach wiederholen

Teig aufnehmen

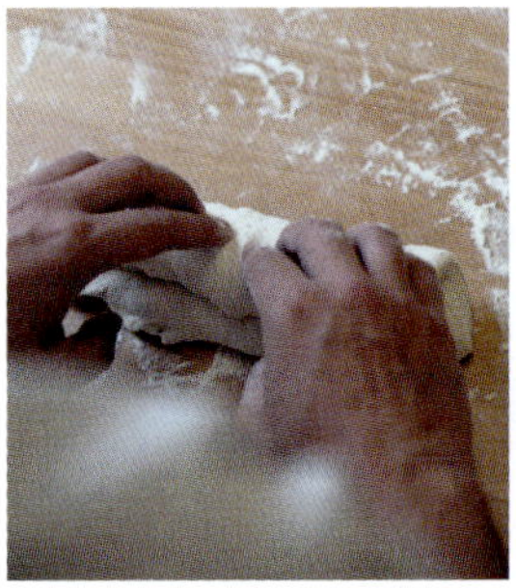
Zum Körper einrollen

Fixieren

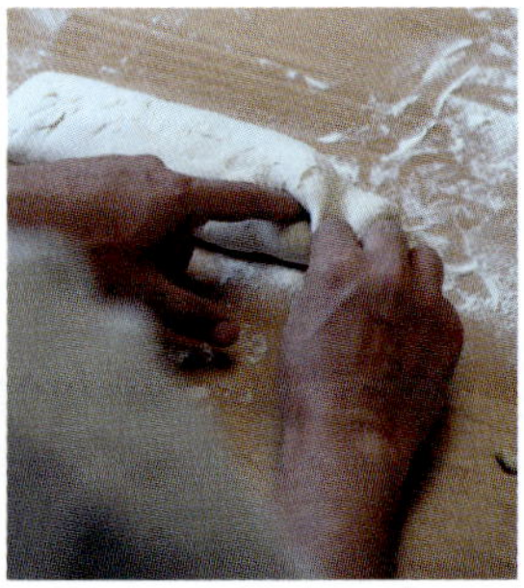
Lasche für Lasche den Teig mit einer Hand von oben greifen, die übrige Stange mit der anderen Hand fixieren

Jede Lasche leicht festdrücken

Mehrfach wiederholen

Die festgedrückten Stellen noch mal mit einer Naht verschließen

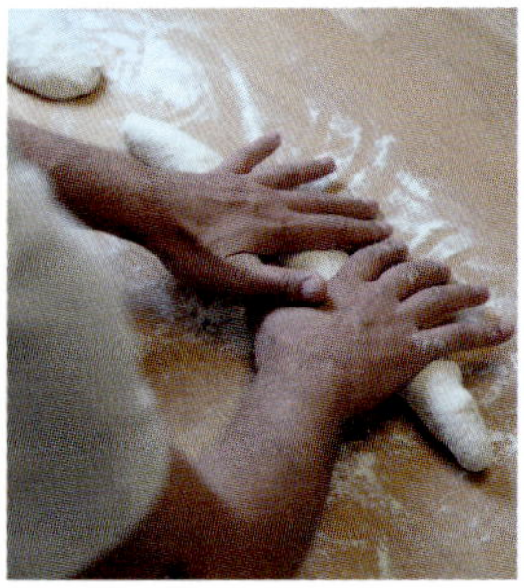
Teigling schonend lang rollen

Wirktechniken für Brötchen

LANG

Teig plätten

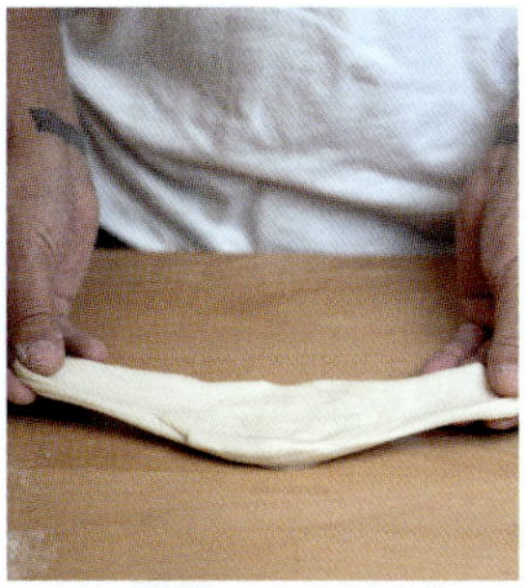
Die äußeren Enden nach außen ziehen

Jeweils zur Mitte einschlagen

Vom Körper weg aufrollen

Das Ende mit den Fingerspitzen festdrücken

Gegebenenfalls die Naht zusätzlich festdrücken

Die beiden Enden mit der Handkante außen dünn rollen

Fertig

RUND

Den Teig von allen Seiten zur Mitte einschlagen, ...

..., bis eine grobe Kugel mit etwas Spannung entsteht

Ende festdrücken

Nun den Teigling mit dem Schluss nach unten unter die hohle Hand legen

Mit sanftem Druck und möglichst wenig Mehl in kreisender Bewegung über die Arbeitsplatte rollen

Dabei die Hand leicht geöffnet halten

STANGE

Den Teig platt drücken

Platten Teig lang ziehen

Straff von der kurzen Seite aufrollen

Dauerhaft leichten Druck ausüben

Komplett aufrollen

Die fertige Rolle

BROTE MIT HEFE

FOCACCIA MIT HEFE

ZUTATEN FÜR 1 KLEINES BACKBLECH

600g Weizenmehl Tipo 2 (Meine Wahl: Emilia Tipo 2 von bongu.de, alternativ: Weizenmehl Type 1050)
450g Wasser
2,5g frische Hefe
15g Salz
22g Olivenöl

1. Das Wasser mit dem Mehl klümpchenfrei vermischen. 30 Minuten zur Autolyse stehen lassen.
2. Hefe und Salz zugeben und 7–10 Minuten auf mittlerer bis hoher Stufe intensiv auskneten. Das Ölivenöl zugeben und weitere 5–7 Minuten kneten.
3. Den Teig abgedeckt für 20 Stunden bei 15°C reifen lassen, in der ersten Stunde zweimal D&F (siehe Seiten 15–16).
4. Eine Backform (40 x 32cm) mit Backpapier auslegen, ölen und den Teig hineingeben. Leicht andrücken und in die Ecken drücken, dann weitere 4 Stunden bei 15°C ruhen lassen.
5. Den Ofen auf 230°C (Ober-/ Unterhitze) vorheizen.
6. Die Focaccia ein weiteres Mal mit Olivenöl massieren und beliebig belegen (Meine Wahl: Cherry-Tomaten, Rosmarin, Salzflocken).
7. Bei 230°C ohne Dampf 25–30 Minuten backen.

FUCK-IT-BROT

ZUTATEN

400g Weizenmehl Type 550
(Meine Wahl: Manitoba)
160g Roggen Type 1370
1,5g frische Hefe
360g Wasser
11g Salz

1. Die Hefe im Wasser auflösen, dann alle trockenen Zutaten in einer Schüssel vermischen und anschließend das Hefewasser zugeben.
2. Alle Zutaten mit einem Kochlöffel oder mit einem Handmixer gut verrühren, bis keine Mehlnester mehr vorhanden sind.
3. Die Schüssel luftdicht abdecken und 15–18 Stunden bei Raumtemperatur reifen lassen.
4. Den Teig auf einer bemehlten Arbeitsfläche rund wirken und im Gärkorb oder in einer Schüssel mit bemehltem Geschirrtuch weitere 60–90 Minuten reifen lassen.
5. Den Ofen mit einem gusseisernen Topf auf 250 °C (Ober-/ Unterhitze) vorheizen.
6. Den Teig in den Topf stürzen und sofort die Temperatur auf 230 °C reduzieren. 20 Minuten mit Deckel und weitere 25 Minuten ohne Deckel backen.

HAFER-SKYR-BROT

ZUTATEN

100g Haferflocken + 50g zum Wälzen
310g Weizenmehl Type 1050
50g Weizenvollkornmehl
60g Anstellgut (Reste)
500g Skyr
60g Wasser
8g Salz
4g frische Hefe

1. Alle Zutaten in eine Schüssel geben und etwa 15 Minuten von Hand oder 10–12 Minuten mit der Maschine zu einem eher festen Teig kneten.
2. In einer leicht geölten Schüssel 5 Stunden reifen lassen – nach 30, 60 und 90 Minuten jeweils D&F (siehe Seiten 15–16).
3. Auf einer leicht bemehlten Arbeitsfläche lang wirken, in Haferflocken wälzen und den Teigling in ein ovales Gärkörbchen geben. 1–2 Stunden bei Raumtemperatur oder 8–12 Stunden (über Nacht) im Kühlschrank reifen lassen.
4. Den Ofen auf 250 °C (Ober-/ Unterhitze) vorheizen.
5. Den Teigling einschneiden, in den Ofen geben, bedampfen und die Temperatur sofort auf 230 °C reduzieren. Nach 20 Minuten den Dampf entweichen lassen. Insgesamt 45–50 Minuten backen.

KARTOFFEL-BIER-BROT

ZUTATEN

200g Kartoffeln
275g Bier
0,8g frische Hefe
14g Salz
315g Weizenmehl Type 550
160g Weizenmehl Type 1050

1. Kartoffeln mit Schale weich kochen, abkühlen lassen, pellen und durchpressen.
2. Alle übrigen Zutaten zu den Kartoffeln geben und gründlich kneten. Die Flüssigkeit wird erst spät an den Teig abgegeben, daher mindestens 12–15 Minuten kneten.
3. Abgedeckt 15 Stunden bei Raumtemperatur reifen lassen, währenddessen dreimal D&F (siehe Seiten 15–16).
4. Auf der mit Roggenmehl bestreuten Arbeitsfläche den Teig von allen Seiten zur Mitte hin einschlagen und mit der Teignaht nach unten im Gärkorb 2 Stunden ruhen lassen.
5. Den Ofen mit gusseisernem Topf auf 250°C (Ober-/ Unterhitze) vorheizen.
6. Den Teig in den Topf stürzen und 15 Minuten mit Deckel, dann 30 Minuten ohne Deckel backen.

KARTOFFELBROT

ZUTATEN

600–650 g feines Kartoffelpüree (je nach Milchanteil, siehe z. B. Seite 69)
450 g Weizenmehl Type 1050
7 g Salz (10 g, falls das Püree ungesalzen ist)
5 g frische Hefe

1. Das vollständig abgekühlte Püree mit allen übrigen Zutaten verkneten. Das kann in der Maschine gut 15–20 Minuten dauern. Dann 5 Stunden abgedeckt reifen lassen.
2. Auf einer bemehlten Arbeitsfläche formen, mit Schluss (siehe Glossar Seite 159) nach oben im Gärkorb 1 Stunde ruhen lassen.
3. Den Ofen auf 230 °C (Ober-/ Unterhitze) vorheizen.
4. Im Ofen mit Topf (ohne Topf mit Dampf und Hitzeschild) 20 Minuten backen. Den Deckel abnehmen bzw. den Dampf entweichen lassen und 20–30 Minuten fertig backen.

KÖRNERBROT

ZUTATEN

Hauptteig

200g Weizenvollkornmehl und 150g Weizenmehl Type 550
350g Wasser
120g Körner und Saaten (Beispiel siehe unten)
5g frische Hefe
14g Salz
15g Olivenöl
10g Zuckerrübensirup

Körnermischung

10g Sesamsaat
10g Blaumohn
50g Sonnenblumenkerne
50g Leinsaat
plus weitere Körner zum Bestreuen

1. Alle Zutaten in einer Schüssel gut verrühren, dann abgedeckt 7–8 Stunden bei Raumtemperatur ruhen lassen.
2. Eine Kastenform (20–25cm lang) mit Olivenöl einfetten, den Teig in die Form geben und glatt streichen. Mit zusätzlichen Körnern bestreuen und 2 Stunden abgedeckt ruhen lassen.
3. Den Ofen auf 230 °C (Ober-/ Unterhitze) vorheizen.
4. Im Ofen 20 Minuten mit Deckel, dann weitere 20 Minuten ohne Deckel backen.

SEMOLA-BROT

ZUTATEN

300g Weizenmehl Type 1050
220g Semola Rimacinata
(Hartweizenmehl)
5g Hefe
385g Wasser
15g Salz

1. Die Hefe im Wasser auflösen, dann alle Zutaten von Hand oder mit der Maschine zu einem homogenen Teig verarbeiten.
2. 3 Stunden bei Raumtemperatur reifen lassen; nach 30, 60 und 90 Minuten je einmal D&F (siehe Seiten 15–16).
3. Das Brot formen und im Gärkorb abgedeckt 10–14 Stunden im Kühlschrank reifen lassen.
4. Den Ofen auf 250 °C (Ober-/ Unterhitze) vorheizen.
5. Das Brot auf ein mit Backpapier belegtes vorgeheiztes Backblech stürzen, einschneiden und mit Dampf 15 Minuten anbacken.
6. Den Dampf entweichen lassen, die Ofentemperatur auf 225 °C reduzieren und das Brot 30–40 Minuten fertig backen.

SHOKUPAN

ZUTATEN

Vorteig

100g Weizenmehl Type 550
100g Milch
3g frische Hefe

Tangzhong (Kochstück)

100g Milch
20g Weizenmehl Type 550

Hauptteig

Vorteig
Kochstück
380g Weizenmehl Type 550
155g Milch
10g frische Hefe
40g Zucker
30g Honig
2 Eigelb
10g Salz
70g Butter

1. Für den Vorteig die Zutaten vermischen und 3 Stunden bei Raumtemperatur reifen lassen.
2. Für den Tangzhong die Zutaten glatt verrühren und in einem Topf erhitzen, bis die Masse eindickt. Abkühlen lassen und im Kühlschrank lagern.
3. Alle Zutaten für den Hauptteig bis auf die Butter ca. 10 Minuten verkneten. Die Butter zugeben und 2–3 Minuten weiterkneten. Den Teig 90 Minuten im Ofen mit Licht reifen lassen.
4. Auf einer leicht bemehlten Arbeitsfläche vier Rechtecke abstechen, diese ohne Spannung aufrollen, in eine gut gefettete Form geben und 60 Minuten reifen lassen.
5. Den Ofen auf 180 °C (Ober-/ Unterhitze) vorheizen.
6. Im Ofen 40 Minuten backen, nach 30 Minuten mit Alufolie abdecken. Auf einem Gitter auskühlen lassen.

TOASTBROT

ZUTATEN

Kochstück
95g Weizenmehl Type 550
400g kaltes Wasser

Vorteig
20g Honig
15g frische Hefe
230g Milch
290g Weizenmehl Type 550

Hauptteig
Kochstück
Vorteig
570g Weizenmehl 550
70g Butter
23g Salz

1. Für das Kochstück Wasser und Mehl glatt rühren, dann in einem Topf unter ständigem Rühren erhitzen, bis die Mischung eindickt. Komplett abkühlen lassen.
2. Die Zutaten für den Vorteig zu einer homogenen Masse verrühren und 60 Minuten bei Raumtemperatur reifen lassen.
3. Alle Zutaten für den Hauptteig (inklusive Mehlkochstück und Vorteig) 10 Minuten kräftig zu einem elastischen Teig kneten, dann 60–90 Minuten bis zur Verdoppelung des Volumens reifen lassen.
4. Den Teig ausbreiten, aufrollen, in vier Portionen teilen und diese jeweils um 90° verdreht in eine Kastenform (34 x 14 x 12cm) legen. 60 Minuten reifen lassen, bis der Teig die Oberkante der Form erreicht hat.
5. Den Ofen auf 230°C (Ober-/ Unterhitze) vorheizen.
6. Im Ofen 10 Minuten anbacken, dann die Ofentemperatur auf 200°C reduzieren und das Brot 20 Minuten fertig backen. Auf einem Gitter abkühlen lassen.

VOLLKORN-TOASTBROT

ZUTATEN

Kochstück
95g Weizenmehl Type 550
400g kaltes Wasser

Vorteig
30g Zucker
15g frische Hefe
250g Milch
290g Weizenmehl Type 550

Hauptteig
Kochstück
Vorteig
570g Weizenvollkornmehl
100g Butter
23g Salz

1. Für das Kochstück Wasser und Mehl glatt rühren, dann in einem Topf unter ständigem Rühren erhitzen, bis die Mischung eindickt. Komplett abkühlen lassen.
2. Die Zutaten für den Vorteig zu einer homogenen Masse verrühren und 60 Minuten bei Raumtemperatur reifen lassen.
3. Alle Zutaten für den Hauptteig (inklusive Mehlkochstück und Vorteig) 10 Minuten kräftig zu einem elastischen Teig verkneten, dann 60–90 Minuten bis zur Verdoppelung des Volumens reifen lassen.
4. Den Teig ausbreiten, aufrollen, in vier Portionen teilen und diese jeweils um 90° verdreht in eine Kastenform (34 x 14 x 12cm) legen. 120 Minuten reifen lassen, bis der Teig die Oberkante der Form erreicht hat.
5. Den Ofen auf 230°C (Ober-/Unterhitze) vorheizen.
6. Im Ofen 10 Minuten anbacken, dann die Ofentemperatur auf 200°C reduzieren und das Brot 20 Minuten fertig backen. Auf einem Gitter abkühlen lassen.

WHITE SANDWICH LOAF

ZUTATEN

Kochstück

50g Weizenmehl Type 550
200g Milch

Hauptteig

200g Milch
500g Weizenmehl Type 550
12g Salz
1,7g Trockenhefe
50g Speiseöl

1. Für das Kochstück Milch und Mehl glatt rühren, dann in einem Topf unter ständigem Rühren erhitzen, bis die Mischung eindickt. Komplett abkühlen lassen.
2. Für den Hauptteig alle Zutaten bis auf das Öl mit dem Kochstück verkneten. Das Öl zugeben und alles zu einem glatten Teig kneten.
3. Den Teig 4 Stunden abgedeckt ruhen lassen, währenddessen dreimal D&F (siehe Seiten 15–16).
4. Den Teig auf einer bemehlten Arbeitsfläche auswellen, dann von der langen Seite her aufrollen und in eine mit Backpapier ausgelegte Kastenform legen. Mit Alufolie abdecken und 8–12 Stunden im Kühlschrank ruhen lassen.
5. Den Ofen auf 230 °C (Ober-/ Unterhitze) vorheizen.
6. Mit Folienabdeckung 30 Minuten backen. Die Ofentemperatur nach und nach auf 200°C reduzieren.

ZWIEBELBROT

ZUTATEN

Poolish (weicher Vorteig)

150g Weizenmehl 550
150g Wasser
0,5g frische Hefe

Hauptteig

200g Weizenmehl Type 550
235g Weizenmehl Type 1050
260ml Wasser
90g Lievito Madre (Mutterhefe, ital. Sauerteig)
6,5g frische Hefe
75g Röstzwiebeln
13g Salz

1. Alle Zutaten für den Poolish am Vorabend verrühren und 12 Stunden (über Nacht) reifen lassen.
2. Für den Hauptteig alle Zutaten bis auf die Röstzwiebeln und das Salz 10–12 Minuten zu einem glatten weichen Teig verkneten. Dann Röstzwiebeln und Salz 2–3 Minuten langsam unterkneten. Den Teig 2,5 Stunden reifen lassen, währenddessen zweimal D&F (siehe Seiten 15–16).
3. Den Teig auf einer bemehlten Arbeitsfläche halbieren, lang formen und in sich verdreht in einem bemehlten Tuch 1 Stunde ruhen lassen.
4. Auf einen Teigschieber oder ein Backblech wenden und mit viel Dampf 20–25 Minuten bei 250°C backen.

CIABATTA MIT HEFEVORTEIG

ZUTATEN

Poolish (weicher Vorteig)

250g Wasser
250g Weizenmehl Tipo 00
0,3g frische Hefe

Hauptteig

300g kaltes Wasser
460g Weizenmehl Tipo 00
5 g frische Hefe
14g Salz

1. Alle Zutaten für den Vorteig kräftig verrühren und abgedeckt 12 Stunden bei Raumtemperatur reifen lassen.
2. Alle Zutaten für den Hauptteig zum Vorteig geben, dabei aber 10–15% des Wassers zunächst zurückhalten. Nach etwa 10 Minuten langsamen Knetens das restliche Wasser zugeben und weitere 5–10 Minuten kneten, bis der Teig ausreichend Stabilität hat.
3. Den Teig abgedeckt 2 Stunden bei Raumtemperatur reifen lassen, währenddessen dreimal D&F (siehe Seiten 15–16).
4. Den Ofen (am besten mit Backstahl oder Backstein) auf die maximale Temperatur (250–300 °C Ober-/ Unterhitze) vorheizen.
5. Den Teig auf eine großzügig bemehlte Arbeitsfläche geben und zu einem Rechteck schieben. Achtung: sehr schonend mit dem Teig umgehen, um ihn möglichst wenig zu entgasen.
6. Aus dem Rechteck entweder 2 große oder mehrere kleine Ciabatte abstechen und nochmal 30 Minuten in einem bemehlten Tuch reifen lassen.
7. Die Teiglinge sehr schonend auf ein Backblech wenden und dieses direkt auf den Backstahl oder -stein legen.
8. Mit Dampf bei 250 °C 10 Minuten anbacken, dann den Dampf entweichen lassen und die Brote weitere 10–15 Minuten bei 220 °C fertig backen. Mehrmals die Ofentür kurz öffnen, um eventuell verbliebenen Dampf abzulassen.

DINKELBROT MIT HEFE ÜBER NACHT

ZUTATEN

Quellstück

7g Flohsamenschalen
70g Wasser
12g Salz

Autolyseteig

450g Dinkelmehl Type 630
50g Dinkelmehl Type 1030
100g Roggenvollkornmehl
390g Wasser

Hauptteig

Quellstück
Autolyseteig
5g Hefe

1. Für das Quellstück alle Zutaten verrühren und mindestens 30 Minuten quellen lassen.
2. Für den Autolyseteig alle Mehle nur grob mit dem Wasser verrühren und 30 Minuten stehen lassen.
3. Für den Hauptteig Quellstück und Hefe zum Autolyseteig geben und 7–9 Minuten zu einem glatten Teig verkneten. Abgedeckt 12 Stunden bei Raumtemperatur reifen lassen. Während der ersten 90 Minuten dreimal D&F (siehe Seiten 15–16).
4. Nach den 12 Stunden den Teig auf einer bemehlten Arbeitsfläche rund formen und in einen leicht bemehlten Gärkorb geben. 60 Minuten im Kühlschrank ruhen lassen.
5. Den Ofen mit einem gusseisernen Topf auf 250 °C (Ober-/ Unterhitze) vorheizen.
6. Den Teig in den heißen Topf stürzen und mit Deckel in den Ofen stellen. Die Temperatur auf 230 °C reduzieren und das Brot 15 Minuten backen.
7. Den Deckel abnehmen, die Ofentemperatur auf 210 °C reduzieren und noch 25–30 Minuten bis zur gewünschten Bräunung fertig backen.

DINKELSCHROTBROT MIT SONNENBLUMENKERNEN

ZUTATEN

Brühstück
50g Haferflocken
200g Sonnenblumenkerne
12g Salz
200g kochendes Wasser

Hauptteig
Brühstück
5g frische Hefe
15g Zuckerrübensirup oder Honig
450g Wasser
600g Dinkelschrot
100g Sonnenblumenkerne zum Bestreuen

1. Für das Brühstück Haferflocken, Sonnenblumenkerne und Salz in einer Schüssel mischen. Mit dem kochenden Wasser übergießen und mindestens 1 Stunde quellen und dabei vollständig abkühlen lassen.
2. Das Brühstück und die Zutaten für den Hauptteig 5–7 Minuten vermengen und zu einem glatten Teig verarbeiten. Der Teig ist sehr weich. Abgedeckt 5 Stunden bei Raumtemperatur reifen lassen.
3. Während der ersten Stunde den Teig zweimal D&F (siehe Seiten 15–16).
4. Den Teig in eine beschichtete (oder gefettete oder mit Backpapier ausgelegte) Kastenform (30 x 12 x 8cm) geben und glatt streichen. Mit Sonnenblumenkernen bestreuen und abgedeckt 1 Stunde ruhen lassen.
5. Den Ofen auf 250 °C (Ober-/ Unterhitze) vorheizen.
6. Das Brot in den Ofen geben, die Temperatur auf 230°C reduzieren und mit Dampf 15 Minuten backen.
7. Den Dampf entweichen lassen, die Ofentemperatur auf 210°C reduzieren und 25–30 Minuten fertig backen.

VOLLKORNWEIZENBROT MIT ROGGENSCHROT

ZUTATEN

Quellstück
50g Roggenschrot
100g Weizenschrot
100g Wasser
12g Salz

Hauptteig
Quellstück
440g Weizenvollkornmehl
60g Weizenmehl Type 550
460g Wasser
5g frische Hefe
Öl und Haferflocken für die Form

1. Für das Quellstück alle Zutaten verrühren und abgedeckt bei Raumtemperatur mindestens 2 Stunden quellen lassen (oder bis zu 24 Stunden im Kühlschrank).
2. Das Quellstück mit allen Zutaten für den Hauptteig 10–12 Minuten kneten. Den Teig 4 Stunden abgedeckt ruhen lassen. Während dieser Zeit zweimal D&F (siehe Seiten 15–16).
3. Den Teig auf eine bemehlte Arbeitsfläche geben und rund formen.
4. Eine Kastenform einölen und mit Haferflocken ausstreuen. Den Teig in die Form geben und mit Haferflocken bestreuen.
5. Den Ofen auf 250 °C (Ober-/ Unterhitze) vorheizen.
6. Die Form mit Dampf in den Ofen geben und die Temperatur auf 230 °C reduzieren.
7. Nach 15 Minuten die Ofentemperatur auf 210 °C reduzieren, Dampf entweichen lassen und das Brot weitere 25–30 Minuten fertig backen.

BROTE MIT SAUERTEIG

UKRAINISCHES SAUERTEIGBROT DARNIZKIJ

ZUTATEN

Sauerteig
150g Roggenvollkornmehl
150g Wasser
15g Anstellgut

Hauptteig
Sauerteig
100g Weizenvollkornmehl
100g Weizenmehl Type 1050
140g Roggenmehl Type 1150
240g lauwarmes Wasser
10g Salz
10g Zuckerrübensirup

1. Alle Zutaten für den Sauerteig mischen und 12–14 Stunden bei Raumtemperatur reifen lassen.
2. Alle Zutaten für den Hauptteig mit dem gereiften Sauerteig gründlich verrühren und abgedeckt 2,5 Stunden bei Raumtemperatur reifen lassen.
3. Den Teig auf einer bemehlten Arbeitsfläche halbieren und in zwei kleinen Kastenformen (Meine Wahl: Holzbackrahmen mit Trennung) platzieren. Abgedeckt weitere 60–90 Minuten reifen lassen.
4. Den Ofen auf 250 °C (Ober-/ Unterhitze) vorheizen.
5. Die Brote in den Ofen geben, die Temperatur sofort auf 230 °C reduzieren, nach 10 Minuten dann auf 200 °C. Weitere 40–50 Minuten fertig backen.

DAS EINFACHSTE ROGGENBROT DER WELT

ZUTATEN

Sauerteig
20g Anstellgut (Roggensauer)
240g Wasser
240g Roggenmehl Type 1150

Hauptteig
Sauerteig
225g Wasser
15g Salz
500g Roggenmehl Type 1150
½ Teelöffel Kümmel, nach Belieben

1. Für den Sauerteig das Anstellgut in Wasser auflösen, dann das Mehl kräftig unterrühren. Abgedeckt bei Raumtemperatur 14–16 Stunden reifen lassen.
2. Für den Hauptteig den Sauerteig mit dem Wasser aufschwemmen. Salz, Mehl und Kümmel, falls verwendet, zugeben und alles 3–5 Minuten kneten.
3. Den Teig 30 Minuten ruhen lassen.
4. Den Teig auf eine bemehlte Arbeitsplatte legen, halbieren und jeweils rund formen. Die Teiglinge in gut bemehlte Gärkörbe legen und 2 Stunden ruhen lassen. Die Teiglinge sollten gut 50% an Volumen gewonnen und eine rissige Oberfläche erhalten haben.
5. Den Ofen auf 250°C (Ober-/ Unterhitze) vorheizen.
6. Die Teiglinge schonend auf ein Backblech heben und mit Dampf 10 Minuten anbacken. Die Ofentemperatur auf 180°C reduzieren, den Dampf entweichen lassen und die Brote weitere 40–50 Minuten fertig backen.

REINES DINKELBROT – 100 % SAUERTEIG

ZUTATEN

Sauerteig
20g Anstellgut
20g Dinkelmehl Type 630
20g Wasser

Autolyseteig
550g Dinkelmehl Type 630
340g Wasser

Brühstück
15g Brotwürfel vom Vortag
13g Salz
4g Flohsamenschalen
75g kochendes Wasser

Hauptteig
Autolyseteig
Sauerteig
Brühstück

1. Das Anstellgut für den Sauerteig sollte sehr aktiv sein. Bei Bedarf vorher 1–2 Mal auffrischen.
2. Für den Sauerteig alle Zutaten mischen und bei 28–29°C 3,5 Stunden bis kurz vor dem Peak (Vollgare) reifen lassen. Das Volumen sollte sich verdrei- bis vervierfachen.
3. Für den Autolyseteig Mehl und Wasser 1 Minute grob vermengen, dann 30 Minuten ruhen lassen.
4. Für das Brühstück alle trockenen Zutaten mit dem kochenden Wasser übergießen, verrühren und 30 Minuten quellen lassen.
5. Für den Hauptteig Sauerteig, Autolyseteig und Brühstück 7–9 Minuten verkneten, dann bei 28–29°C 5,5 Stunden reifen lassen. Nach 30, 60 und 90 Minuten jeweils D&F (siehe Seiten 15–16).
6. Einen Laib formen, diesen in einen Gärkorb geben und 12–14 Stunden (über Nacht) bei 5°C ruhen lassen.
7. Den Ofen auf 250 °C (Ober-/ Unterhitze) vorheizen.
8. Im Ofen mit gusseisernem Topf 20 Minuten backen. Den Deckel abnehmen, die Ofentemperatur auf 220°C reduzieren und das Brot 30 Minuten fertig backen (= 50 Minuten insgesamt).

EASY PEASY SOURDOUGH

ZUTATEN

Sauerteig

30g Anstellgut (sehr aktiv)
30g Weizenmehl Type 1050
30g Wasser (35°C)

Fermentolyseteig

400g Weizenmehl Type 1050 (11°C)
80g vom Sauerteig
240g Wasser (12°C)

Hauptteig

Fermentolyseteig
40g Wasser (12°C)
9g Salz

1. Das Anstellgut muss sehr aktiv sein. Bei Bedarf vorher 2–3 Mal auffrischen.
2. Alle Zutaten für den Sauerteig mischen und bei 28–29°C 4 Stunden oder bis kurz vor dem Peak (die Vollreife) reifen lassen.
3. Alle Zutaten für den Fermentolyseteig grob mischen, dann 60 Minuten ruhen lassen (Teigtemperatur 21°C)
4. Für den Hauptteig Wasser und Salz zum Fermentolyseteig geben und 8–10 Minuten kneten (Teigtemperatur 23°C). 6 Stunden bei Raumtemperatur (22°C) reifen lassen, bis sich das Volumen verdoppelt hat. Nach 30, 60 und 90 Minuten jeweils D&F (siehe Seiten 15–16).
5. Den Teig formen, mit Schluss nach oben im Gärkorb 10–14 Stunden oder über Nacht im Kühlschrank (5–6°C) ruhen lassen.
6. Den Ofen auf 250 °C (Ober-/ Unterhitze) vorheizen.
7. Im Ofen mit Topf (oder Dampf und Hitzeschild) 15 Minuten backen. Den Deckel abnehmen bzw. den Dampf entweichen lassen, die Ofentemperatur auf 220°C reduzieren und das Brot 30 Minuten fertig backen.

KARTOFFEL-SAUERTEIGBROT

ZUTATEN

Kartoffelpüree
400g mehligkochende Kartoffeln
200g Milch
30g Butter
5g Salz

Sauerteig
30g Anstellgut (sehr aktiv)
30g Weizenmehl Type 1050
30g Wasser (35°C)

Fermentolyseteig
400g Weizenmehl Type 1050 (11°C)
80g vom Sauerteig
580g feines Kartoffelpüree

Hauptteig
Fermentolyseteig
9g Salz

1. Für das Püree die Kartoffeln in Salzwasser garen. Leicht abkühlen lassen und pellen. Dann stampfen oder durch die Kartoffelpresse drücken, mit Milch, Butter und Salz verrühren und vollständig abkühlen lassen.
2. Für den Sauerteig alle Zutaten mischen und bei 28–29°C 4 Stunden oder bis kurz vor dem Peak (die Vollreife) reifen lassen.
3. Alle Zutaten für den Fermentolyseteig grob mischen, dann 60 Minuten ruhen lassen (Teigtemperatur 21°C).
4. Für den Hauptteig das Salz zum Fermentolyseteig geben und 8–10 Minuten kneten (Teigtemperatur 23°C). 6 Stunden bei Raumtemperatur (22°C) reifen lassen, bis das Volumen sich verdoppelt hat. Nach 30, 60 und 90 Minuten jeweils D&F (siehe Seiten 15–16).
5. Einen Laib formen, mit Schluss nach oben im Gärkörbchen 2 Stunden ruhen lassen, anschließend 30 Minuten im Tiefkühler aussteifen und verhauten lassen.
6. Den Ofen auf 250 °C (Ober-/ Unterhitze) vorheizen.
7. Im Ofen mit Topf (oder Dampf und Hitzeschild) 15 Minuten backen. Den Deckel abnehmen bzw. den Dampf entweichen lassen. Die Ofentemperatur auf 220°C reduzieren und das Brot 20–30 Minuten bis zur gewünschten Bräune fertig backen.

OBERLÄNDER

ZUTATEN

Sauerteig

100g Roggenmehl Type 1150
100g Wasser (35–40°C)
10g Roggen Anstellgut

Hauptteig

Sauerteig
235g Weizenmehl Type 1050
255g Roggenmehl Type 1150
330g Wasser
10g Backmalz (inaktiv)
11g Salz

Glanzstreiche

1TL Speisestärke
ca. 100g kochendes Wasser

1. Alle Zutaten für den Sauerteig gut vermischen und bei Raumtemperatur 20 Stunden gehen lassen.
2. Für den Hauptteig alle Zutaten gründlich verkneten – 5 Minuten langsam, 4 Minuten schnell –, das ergibt einen festen, klebrigen Teig. Die Teigtemperatur sollte 25°C betragen.
3. Den Teig 60 Minuten abgedeckt gehen lassen, dann auf einer bemehlten Arbeitsfläche rundwirken.
4. Den Teigling mit dem Schluss nach oben in einen leicht bemehlten Gärkorb geben und mit Bäckerleinen und Folie abdecken. Bei Raumtemperatur 90–120 Minuten gehen lassen. Der Teig sollte sein Volumen in dieser Zeit deutlich vergrößert haben und fast Vollgare haben. Wie lange das dauert, hängt natürlich sehr von der Triebstärke des Sauerteigs ab.
5. Währenddessen den Ofen mit einem Backstein oder -stahl auf 250°C (Ober-/ Unterhitze) vorheizen und die Glanzstreiche zubereiten: die Speisestärke in etwas kaltem Wasser lösen, dann in das kochende Wasser einrühren und abkühlen lassen.
6. Den Teigling vor dem Einschießen mit der Glanzstreiche bestreichen und »stippen«: kleine Löcher in die Oberfläche des Teiglings pieksen, damit er später nicht aufreißt. Das geht z.B. mit einem Schaschlikspieß.
7. Bei 250°C mit dem Schluss nach unten mit Schwaden backen. Nach 10 Minuten den Dampf entweichen lassen und die Temperatur nach und nach auf 205°C reduzieren. Das Brot weitere 45 Minuten fertigbacken. Unmittelbar nach dem Backen noch einmal mit Glanzstreiche einpinseln, um einen schönen Glanz zu erhalten.

ROGGENBROT MIT GEWÜRZKRUSTE

ZUTATEN

Sauerteig

25g Anstellgut
250g Roggenmehl Type 1150
250g Wasser

Hauptteig

Sauerteig
275g Roggen Type 1150
200g Wasser (50 °C)
20g Margarine
14g Salz
1g Hefe
6g Brotgewürz + 10g zum Ausstreuen

1. Für den Sauerteig alle Zutaten gut verrühren und 14 Stunden bei Raumtemperatur reifen lassen.
2. Alle Zutaten für den Hauptteig gut verrühren und 30 Minuten ruhen lassen, dann auf die sehr gut bemehlte Arbeitsfläche geben und vorsichtig die Seiten zur Mitte klappen.
3. Einen Gärkorb großzügig mit Roggenmehl und Brotgewürz ausstreuen, den Teig hineingeben und 2–3 Stunden ruhen lassen.
4. Den Ofen mit Topf auf 250 °C (Ober-/ Unterhitze) vorheizen.
5. Das Brot 10 Minuten im vorgeheizten Ofen backen, dann den Deckel vom Topf nehmen und weitere 45 Minuten fertig backen, dabei die Ofentemperatur nach und nach auf 205 °C reduzieren.

SAME DAY SOURDOUGH

ZUTATEN

Sauerteig
20g Anstellgut (sehr aktiv)
18g Manitoba Mehl
2g Roggenmehl Type 1150
20g Wasser

Autolyseteig
100g Dinkel-Vollkorn-Mehl
200g Manitoba Mehl
285g Weizenmehl Type 550
395g Wasser

Hauptteig
Sauerteig
Autolyseteig
13g Salz

1. Das Anstellgut muss sehr aktiv sein. Bei Bedarf vorher 2–5 Mal auffrischen.
2. Für den Sauerteig alle Zutaten mischen und bei 28–29 °C 3,5 Stunden bis kurz vor den Peak (die Vollreife) reifen lassen. Das Volumen sollte sich verdrei- bis vervierfachen.
3. Alle Zutaten für en Autolyseteig 1 Minute grob mischen, dann 30 Minuten ruhen lassen.
4. Für den Hauptteig Sauerteig und Autolyseteig 10–12 Minuten verkneten. Erst gegen Ende der Knetzeit das Salz hinzugeben. Bei 28–29 °C 5,5 Stunden reifen lassen. Nach 30, 60 und 90 Minuten jeweils falten.
5. Einen Laib formen, in einen Gärkorb geben und etwa 1¼ Stunden bis zur knappen Gare reifen lassen (Fingertest). Anschließend 15 Minuten zur Aussteifung ins Gefrierfach stellen.
6. Den Ofen auf 250 °C (Ober-/ Unterhitze) vorheizen.
7. Im Ofen (mit Topf) 20 Minuten backen. Den Deckel abnehmen, die Temperatur auf 220 °C reduzieren und das Brot 30 Minuten fertig backen (= 50 Minuten insgesamt).

SAUERTEIGBRÖTCHEN

ZUTATEN FÜR 9 BRÖTCHEN

Sauerteig

20g Weizen-Anstellgut
25g Weizenmehl Type 550
20g Wasser

Hauptteig

585g Weizenmehl Type 550
395g Wasser
15g Salz

1. Das Anstellgut sollte sehr aktiv sein, die letzte Auffrischung darf höchstens 12 Stunden zurückliegen. Gegebenenfalls noch 2–3 Mal auffrischen.
2. Alle Zutaten für den Sauerteig vermischen und 4 Stunden bei 28°C reifen lassen.
3. Für den Hauptteig Mehl und Wasser grob verrühren und 30 Minuten stehen lassen. Den Sauerteig zugeben und 10 Minuten kneten.
4. Das Salz zugeben und weitere 2–4 Minuten kneten, dann 6 Stunden bei 28°C reifen lassen.
5. 9 Teiglinge (à ca. 120 g) abstechen, straff zu Brötchen formen und im Leinentuch 60–90 Minuten bis zur Vollgare ruhen lassen, dann auf ein Backblech wenden, mit Wasser besprühen und einschneiden.
6. Den Ofen auf 250 °C (Ober-/ Unterhitze) vorheizen.
7. Im Ofen mit viel Dampf 25 Minuten backen.

SAUERTEIG-CIABATTA

ZUTATEN FÜR 2 CIABATTA

Sauerteig

20g Weizen-Anstellgut
20g Manitoba Mehl
20g Wasser

Hauptteig

200g Manitoba Mehl
200g Weizenmehl Tipo 00
75g Hartweizenmehl
370g Wasser
9g Salz

1. Das Anstellgut sollte sehr aktiv sein, die letzte Auffrischung darf höchstens 12 Stunden zurückliegen. Gegebenenfalls noch 2–5 Mal auffrischen.
2. Für den Sauerteig alle Zutaten vermischen und 4 Stunden bei 28°C reifen lassen.
3. Für den Hauptteig alle Zutaten grob vermischen und 30 Minuten stehen lassen, anschließend den Sauerteig zugeben und 20 Minuten kneten.
4. Salz zugeben und weitere 2–4 Minuten verkneten, dann 6 Stunden bei 28°C reifen lassen.
5. Den Teig in den Kühlschrank stellen und 12–14 Stunden reifen lassen. Auf die bemehlte Arbeitsfläche stürzen, teilen und ohne ihn zu formen (nur etwas zurechtschieben) auf eine Teigschaufel geben.
6. Den Ofen auf 280 °C (Ober-/ Unterhitze) vorheizen.
7. Im Ofen mit viel Dampf 30 Minuten backen. Dabei die Ofentemperatur nach und nach auf 230°C reduzieren.

KLEINGEBÄCK UND STANGENBROT

3-STUNDEN-BAGUETTES

ZUTATEN FÜR 3 BAGUETTES

Brühstück

100g kochendes Wasser
30g Brotwürfel vom Vortag
12g Salz

Hauptteig

630g Weizenmehl Type 550
350g Wasser (25°C)
9g Hefe
12g Olivenöl

1. Für das Brühstück Brotwürfel und Salz mit dem kochenden Wasser übergießen und 10 Minuten quellen lassen.
2. Für den Hauptteig alle Zutaten bis auf das Öl 8–10 Minuten zu einem glatten Teig verarbeiten. Öl und Brühstück zugeben und 3–4 Minuten fertig kneten, Teigtemperatur ca. 28°C. 1 Stunde ruhen lassen.
3. Den Teig dritteln. Jeden Teigling auf der bemehlten Arbeitsplatte erst von beiden Seiten zur Mitte einschlagen, straff zu Zylindern aufrollen und dann gleichmäßig lang wirken. Mit Schluss nach oben in einem bemehlten Tuch 1 Stunde ruhen lassen.
4. Den Ofen auf 230°C (Ober-/ Unterhitze) vorheizen.
5. Die Baguettes sehr schonend auf ein Backblech wenden, einschneiden und 20–25 Minuten mit Dampf backen.

3-STUNDEN-KRUSTIES

ZUTATEN FÜR 6–8 BRÖTCHEN

Brühstück

100 ml kochendes Wasser
30 g Brotwürfel vom Vortag
12 g Salz

Hauptteig

630 g Weizenmehl Type 550
350 g Wasser (25 °C)
9 g frische Hefe
12 g Olivenöl
etwas Roggenmehl zum Bestäuben

1. Für das Brühstück Altbrot und Salz mit dem kochenden Wasser übergießen und 10 Minuten quellen lassen.
2. Für den Hauptteig alle Zutaten bis auf das Öl 8–10 Minuten zu einem glatten Teig verkneten. Öl und Brühstück zugeben und 3–4 Minuten fertig kneten, Teigtemperatur ca 28 °C. 1 Stunde ruhen lassen.
3. Aus dem Teig 6–8 Portionen abstechen. Jeden Teigling in Roggenmehl erst von beiden Seiten zur Mitte einschlagen, dann zu Zylindern aufrollen. Mit Schluss nach unten in einem bemehlten Tuch 1 Stunde ruhen lassen.
4. Den Ofen auf 230 °C (Ober-/ Unterhitze) vorheizen.
5. Teiglinge auf ein Backblech wenden und 20–25 Minuten bei 230 °C mit Dampf backen.

BREZELN

ZUTATEN FÜR 10 BREZELN

500g Weizenmehl Tipo 00 oder Type 550
225g eiskaltes Wasser
40g Butter
5g frische Hefe
10g Salz
8g Backmalz

Zusätzlich

50g Hagelsalz
1000g Natronlauge (4%)

1. Alle Zutaten etwa 10 Minuten zu einem elastischen Teig verkneten.
2. Den Teig 2 Stunden bei 24–26°C ruhen lassen.
3. 10 Teiglinge à ca. 80g abwiegen und länglich wirken. Ohne Mehl auf der Arbeitsfläche zu langen Strängen ausrollen, zu Brezeln formen und auf einem mit Backpapier ausgelegten Backblech 30 Minuten in den Kühlschrank stellen.
4. Den Ofen mit einer metallenen Auflaufform auf 250°C (Ober-/Unterhitze) vorheizen.
5. Eine 4%ige Natronlauge herstellen und die Brezeln für einige Sekunden darin baden, anschließend wieder aufs Backblech legen. ACHTUNG: Natronlauge ist ätzend! Unbedingt mit Schutzhandschuhen und Schutzbrille arbeiten!
6. Die Brezeln einschneiden, mit grobem Salz bestreuen und 15 Minuten bei 250°C mit etwas Dampf backen.

BRIOCHE BURGER BUNS

ZUTATEN FÜR 12 BURGER BUNS

Vorteig

100g Weizenmehl Type 550
100g Milch
0,5g Hefe

Kochstück

140g Milch
35g Weizenmehl Type 550

Hauptteig

510g Weizenmehl Type 550
40g Zucker
250g Vollei (oder 5 Eier Gr. M)
12g Salz
5g Backmalz
6g frische Hefe
150g Butter (Zimmertemperatur)

Eistreich

1 Ei
1 Prise Salz

1. Für den Vorteig alle Zutaten verrühren und 3 Stunden bei Raumtemperatur reifen lassen. Danach 12–16 Stunden im Kühlschrank ruhen lassen.
2. Für das Kochstück Milch und Mehl klümpchenfrei verrühren, dann unter Rühren in einem Topf erhitzen, bis die Masse eindickt. Abgedeckt abkühlen lassen.
3. Für den Hauptteig alle Zutaten bis auf die Butter verkneten, dann Vorteig und Kochstück 8–10 Minuten einarbeiten, bis ein glatter Teig entstanden ist.
4. Die Butter in Stücken nach und nach zugeben und kneten, insgesamt noch 10–20 Minuten, bis zum bestandenen Fenstertest (siehe Glossar Seite 157). Abgedeckt 2 Stunden bei 25 °C ruhen lassen.
5. Auf einer bemehlten Arbeitsfläche 12 Teiglinge à ca. 105g abstechen, rund schleifen und mit Schluss nach unten auf zwei mit Backpapier ausgelegte Backbleche legen. Abgedeckt 2–3 Stunden bei Raumtemperatur bis zur Vollreife ruhen lassen.
6. Für den Eistreich Ei und Prise Salz verquirlen. Die Brötchen damit bepinseln.
7. Den Ofen auf 180 °C (Umluft) vorheizen.
8. Die Brötchen erneut mit Ei abstreichen, dann 15–20 Minuten backen.

BUTTERMILCHBRÖTCHEN

ZUTATEN FÜR 9 BRÖTCHEN

300g Hartweizenmehl
200g Weizenmehl Type 550
380g Buttermilch (zunächst nur 340g zugeben, maximal 420 g)
4g Hefe
10g Salz

1. Alle Zutaten bis auf das Salz in der Küchenmaschine 10 Minuten zu einem glatten weichen Teig verkneten. Das Salz erst gegen Ende hinzugeben.
2. 6 Stunden bei Raumtemperatur reifen lassen, während der ersten 2 Stunden alle 30 Minuten D&F (siehe Seiten 15–16).
3. 9 Teiglinge à 95g abstechen und zu Brötchen schleifen. 1 Stunde im Leinentuch ruhen lassen.
4. Den Ofen mit einer Metallform für Dampf auf 250 °C (Ober-/Unterhitze) vorheizen.
5. Die Teiglinge auf ein mit Backpapier ausgelegtes Backblech wenden (»auf den Kopf drehen«), einschneiden und mit Wasser besprühen.
6. Die Brötchen 18–20 Minuten mit viel Dampf goldbraun backen, nach 10 Minuten Backzeit die Temperatur auf 220 °C reduzieren.

DINKELBRÖTCHEN

ZUTATEN FÜR 10 BRÖTCHEN

Autolyseteig

400g Dinkelmehl Type 630
150g Vollkorndinkelmehl
320g Wasser

Brühstück

4g Flohsamenschalen
13g Salz
15g Brotwürfel vom Vortag
75g kochendes Wasser

Hauptteig

Autolyseteig
Brühstück
5g Hefe
50g Anstellgut

1. Für den Autolyseteig alle Zutaten zu einem homogenen Teig verarbeiten und 30 Minuten ruhen lassen.
2. Für das Brühstück Flohsamenschalen, Salz und Altbrot mit dem kochenden Wasser übergießen und 30 Minuten quellen lassen.
3. Für den Hauptteig Autolyseteig, Brühstück, Hefe und Anstellgut 8–10 Minuten zu einem glatten Teig verkneten (Teigtemperatur 28–30 °C), dann 1Stunde bei 28 °C ruhen lassen.
4. 10 Teiglinge à ca. 100g abstechen und locker zu Brötchen schleifen, dann in Leinen 1,5 Stunden ruhen lassen.
5. Den Ofen auf 250 °C (Ober-/ Unterhitze) vorheizen.
6. Die Teiglinge auf ein Backblech wenden, einschneiden und mit Dampf 20 Minuten backen, dabei die Ofentemperatur nach und nach auf 230 °C reduzieren.

DINKELSEELEN

ZUTATEN FÜR CA. 9 BRÖTCHEN

Mehlkochstück

30g Dinkelmehl Type 630
150g Wasser

Vorteig

100g Dinkelmehl Type 630
100g Wasser
1g frische Hefe

Hauptteig

325g Dinkelmehl Type 630
80g Wasser (A)
100g Wasser (B)
1g frische Hefe
9g Salz
6g Backmalz
1 Msp. Vitamin C
grobes Salz und Kümmelsamen zum Bestreuen

1. Für das Mehlkochstück Mehl und Wasser in einem Topf klümpchenfrei verrühren, dann unter Rühren kochen, bis die Masse eindickt. Abkühlen lassen
2. Für den Vorteig alle Zutaten kräftig verrühren, dann 1 Stunde bei Raumtemperatur anspringen lassen. 12 Stunden im Kühlschrank reifen lassen.
3. Für den Hauptteig alle Zutaten außer »Wasser B« mit dem Kochstück und dem Vorteig zu einem weichen Teig verkneten.
4. »Wasser B« esslöffelweise bei laufender Küchenmaschine zugeben, bis es komplett vom Teig aufgenommen wurde. Den Teig anschließend 7 Stunden bei 24–26°C ruhen lassen, währenddessen 5–7 Mal D&F (siehe Seiten 15–16). Das Volumen sollte sich verdoppeln.
5. Den Ofen auf 250°C (Ober-/ Unterhitze) vorheizen.
6. Den Teig auf die befeuchtete Arbeitsfläche geben und mit der nassen Handkante Teiglinge à ca. 100g abstechen. Vorsichtig auf ein mit Backpapier ausgelegtes Backblech geben. Mit Salz und Kümmel bestreuen.
7. Die Seelen 15 Minuten mit Dampf backen.

EINFACHE BRÖTCHEN (KIPF)

ZUTATEN FÜR 10 BRÖTCHEN

Hauptteig

525g Weizenmehl Type 550
300g Wasser
8g frische Hefe
10g Salz
10g Butter
100g Anstellgut (alternativ 50g Mehl und 50ml Wasser)
3g Kümmel (optional)

1. Für den Hauptteig Mehl, Wasser und Hefe 12–15 Minuten zu einem glatten Teig kneten. 3 Minuten vor Ende Salz und Butter zugeben und einarbeiten. Optional Kümmel hinzugeben und einarbeiten.
2. Den Teig 1 Stunde abgedeckt bei Raumtemperatur reifen lassen.
3. 10 Brötchen à 100g schleifen, 10 Minuten entspannen lassen, dann lang wirken.
4. 60 Minuten warm oder 3 Stunden kalt in einem bemehlten Tuch mit Schluss nach oben ruhen lassen.
5. Den Ofen auf 250°C (Ober-/ Unterhitze) vorheizen.
6. Die Brötchen auf ein Backblech wenden, einschneiden und mit viel Dampf 20 Minuten backen.

GRILLBROT

ZUTATEN FÜR 1 GRILLBROT

Teig

250g Weizenmehl Type 550
180g Wasser
6g Salz
10g Olivenöl
2g frische Hefe
3g Backmalz (aktiv)
5g Honig

Füllung

100g getrocknete Tomaten
2 Knoblauchzehen
1TL getrockneter Oregano
10g Olivenöl
20g geriebener Parmesan

1. Für den Teig alle Zutaten 8–10 Minuten verkneten.
2. Den Teig 2 Stunden bei 24–26°C anspringen lassen, währenddessen dreimal D&F (siehe Seiten 15–16).
3. Den Teig weitere 12–14 Stunden bei 5°C im Kühlschrank ruhen lassen.
4. Für die Füllung getrocknete Tomaten und Knoblauch klein hacken, mit Oregano, Olivenöl und geriebenem Parmesan vermengen.
5. Den Teig auf eine leicht bemehlte Arbeitsfläche legen und flächig auseinanderziehen. Die Füllung darauf verteilen, die Seiten zur Mitte hin einschlagen, den Teig aufrollen und das Ganze länglich wirken.
6. Abgedeckt 1 Stunde ruhen lassen.
7. Den Ofen auf 250°C (Ober-/ Unterhitze) vorheizen.
8. 25 Minuten mit Dampf backen, dabei die Temperatur nach und nach auf 220°C reduzieren.

JOGHURTBRÖTCHEN

ZUTATEN FÜR 9 BRÖTCHEN

600g Weizenmehl Type 550
(oder Dinkelmehl Type 630)
190g Joghurt, 3,5% Fett
210g Wasser
5g frische Hefe
15g Sirup oder Honig
10g Salz

1. Alle Zutaten zu einem homogenen Teig verkneten.
2. Den Teig von allen Seiten zur Mitte einschlagen, mit Schluss nach unten in eine geölte Schüssel legen und 5 Stunden bei Raumtemperatur (oder 3 Stunden bei Raumtemperatur plus 8–12 Stunden im Kühlschrank) ruhen lassen.
3. Den Ofen auf 250°C (Ober-/Unterhitze) vorheizen.
4. Den Teig auf eine bemehlte Arbeitsfläche stürzen und vorsichtig zu einem Quadrat drücken und ziehen. Daraus 9 Teiglinge abstechen, auf einem Backblech platzieren und 60–90 Minuten ruhen lassen.
5. 15 Minuten mit Dampf backen.

KÄSEBRÖTCHEN

ZUTATEN FÜR 10 BRÖTCHEN

575g Weizenmehl Type 550
350g Wasser
8g frische Hefe
10g Salz
15g Butter
8g Backmalz (aktiv) (optional)
1 Msp. Vitamin-C-Pulver (optional)
100g geriebener Käse zum Bestreuen

1. Alle Hauptteigzutaten außer Salz und Butter 12–15 Minuten zu einen glatten Teig kneten, 3 Minuten vor Ende Salz und Butter zugeben und einarbeiten.
2. Den Teig 1,5 Stunden abgedeckt bei Raumtemperatur reifen lassen.
3. 10 Brötchen à 95g rund schleifen und mit Schluss nach oben auf ein bemehltes Tuch legen.
4. Die Teiglinge abgedeckt 90 Minuten bei Raumtemperatur (oder 3 Stunden bei 10 °C) ruhen lassen.
5. Den Ofen auf 250 °C (Ober-/ Unterhitze) vorheizen.
6. Die Teiglinge auf ein Backblech wenden, einschneiden, mit Wasser besprühen und mit dem Käse bestreuen. Mit Dampf 20 Minuten backen.

LAUGENSTANGEN

ZUTATEN FÜR 10 STANGEN

500g Weizenmehl Tipo 00 oder Type 550
225g eiskaltes Wasser
40g Butter
5g frische Hefe
10g Salz
8g Backmalz
grobes Salz zum Bestreuen

1. Alle Zutaten 10 Minuten zu einem elastischen Teig verkneten.
2. Den Teig 2 Stunden bei 24–26°C ruhen lassen.
3. 10 Teiglinge à 80g abwiegen, zu Kugeln formen, diese zu einem länglichen Oval ausrollen. Jede Teigscheibe schräg aufrollen und auf einem mit Backpapier ausgelegten Backblech 30 Minuten in den Kühlschrank stellen.
4. Den Ofen mit einer metallenen Auflaufform auf 250°C (Ober-/Unterhitze) vorheizen.
5. Eine 4%ige Natronlauge herstellen und die Stangen für einige Sekunden darin baden, anschließend wieder aufs Backblech legen. ACHTUNG: Natronlauge ist ätzend! Unbedingt mit Schutzhandschuhen und Schutzbrille arbeiten!
6. Die Stangen mit Salz bestreuen und 15 Minuten mit etwas Dampf backen.

OSNABRÜCKER SPRINGBRÖTCHEN

ZUTATEN FÜR 11 BRÖTCHEN

Hauptteig

550g Weizenmehl Type 405
150g Wasser
120g Milch
1 Ei (Größe S)
20g Öl
20g Zucker
10g frische Hefe
10g Salz

Streich 1

10g Weizenmehl Type 405
30g kaltes Wasser
90g kochend heißes Wasser

Streich 2

30g Roggenmehl Type 1150
45g kaltes Wasser

Streich 3

50g Butterschmalz
(oder Margarine)
2g Hirschhornsalz oder 5g Natron

1. Für den Hauptteig alle Zutaten nur so lange verkneten, bis gerade eben alles miteinander verbunden ist. Über Nacht abgedeckt in den Kühlschrank stellen.
2. Am nächsten Morgen für Streich 1 Mehl und kaltes Wasser glatt rühren, dann mit dem kochenden Wasser übergießen. Verrühren.
3. Für Streich 2 Mehl und Wasser verrühren.
4. Aus dem Teig 11 Brötchen à 80g rund formen, auf ein Backblech legen und mit Streich 1 bepinseln. 45 Minuten warm ruhen lassen, dann mit Streich 2 bepinseln und weitere 20 Minuten ruhen lassen.
5. Den Ofen auf 250°C (Ober-/ Unterhitze) vorheizen.
6. Für Streich 3 das Butterschmalz zerlassen, das Hirschhornsalz darin auflösen und die Teiglinge mit der Fettmischung betupfen.
7. Sofort mit Dampf backen, nach 5 Minuten die Temperatur auf 200°C reduzieren, den Dampf entweichen lassen und die Brötchen noch 20 Minuten weiter backen.

PANINI

ZUTATEN FÜR 8 BRÖTCHEN

Sauerteig

54g Weizenmehl Type 550
6 g Roggenmehl Type 1150
60g Wasser
6g Anstellgut (Weizen)

Hauptteig

Sauerteig
300g Tipo 00
90g Semola Rimacinata
250g Wasser (+ 30g extra)
4g Backmalz (aktiv)
12g Salz
30g Olivenöl

1. Alle Zutaten für den Sauerteig am Vorabend verrühren und 12–14 Stunden reifen lassen.
2. Für den Hauptteig alle Zutaten bis auf Salz und Öl in der Küchenmaschine 10 Minuten zu einem glatten weichen Teig verarbeiten. Die 30ml Wasser extra nur zugeben, falls der Teig noch recht fest ist und das Mehl noch Wasser aufnehmen kann. Salz und Olivenöl erst gegen Ende hinzugeben.
3. Den Teig in einer Teigwanne etwa 6 Stunden bei 26°C gehen lassen; in dieser Zeit sollte sich das Volumen verdoppelt haben. In den ersten 90 Minuten dreimal falten.
4. Den Teig auf eine bemehlte Arbeitsfläche geben und vorsichtig zu einem Rechteck drücken und ziehen. Das Rechteck in 8 Stücke schneiden und diese ohne weiteres Formen auf ein mit Backpapier ausgelegtes Backblech geben. 1 Stunde abgedeckt ruhen lassen.
5. Den Ofen auf 250°C (Ober-/ Unterhitze) vorheizen.
6. Die Panini mit etwas Wasser besprühen und mit Dampf 12–14 Minuten backen. Die Panini sollten recht hell bleiben, da sie später im Kontaktgrill noch einmal nachgebacken werden.

SUBWAY-BROT (MIT VEGANER VARIANTE)

ZUTATEN FÜR 5 STANGEN

Vorteig

100g Weizenmehl Type 550
100g Wasser
1g frische Hefe

Hauptteig
(Hinweise für Veganer*innen in Klammern)

Vorteig
500g Weizenmehl Type 550
300g Buttermilch (veganer Joghurt, mit Wasser verdünnt)
5g Hefe
15g Zuckerrübensirup
35g Eigelb (weglassen)
13g Salz
90g Butter (120g Margarine)
Topping nach Belieben, z.B. Parmesan und Oregano, Sesam

1. Für den Vorteig alle Zutaten verrühren und 10–14 Stunden bei Raumtemperatur reifen lassen.
2. Für den Hauptteig alle Zutaten bis auf die Butter 5–7 Minuten verkneten, dann die Butter nach und nach zugeben und weiter kneten, bis ein glatter Teig entstanden ist. 2,5 Stunden bei Raumtemperatur ruhen lassen.
3. Den Teig auf einer bemehlten Arbeitsfläche flach drücken, 5 Teiglinge à 230g abstechen und zu Zylindern aufrollen. 15 Minuten entspannen lassen, dann auf 30cm Länge ausrollen, im Leinentuch 30 Minuten bei Raumtemperatur plus 3 Stunden im Kühlschrank (oder insgesamt 90 Minuten bei Raumtemperatur) ruhen lassen.
4. Mit Wasser besprühen und nach Belieben mit Topping bestreuen.
5. Den Ofen auf 200 °C (Ober-/ Unterhitze) vorheizen.
6. Die Stangen im Ofen 15–17 Minuten backen.
7. Nach dem Backen nochmals mit Wasser besprühen und unter einem Tuch abkühlen lassen.

VEGANE ROTE BURGER BUNS

ZUTATEN FÜR 8 BRÖTCHEN

500g Weizenmehl Type 550
8g frische Hefe
50g Apfelmark
30g Agavendicksaft
10g Salz
240g Rote-Bete-Saft
90g Sonnenblumenöl

1. Alle Zutaten bis auf das Öl 7–9 Minuten verkneten. Das Öl nach und nach zugeben und kneten, bis es vollständig aufgenommen wurde. Den Teig 1 Stunde bei Raumtemperatur ruhen lassen.
2. 8 Teiglinge à 115g abstechen und rund schleifen, mit Schluss nach oben zuerst auf ein feuchtes Tuch, dann in Sesam drücken. Auf einem Backblech abgedeckt 2–2½ Stunden bis zur Vollgare reifen lassen.
3. Den Ofen auf 230 °C (Ober-/ Unterhitze) vorheizen.
4. Im Ofen 20 Minuten backen. Während des Backens die Temperatur schrittweise auf 200 °C reduzieren.
5. Unter einem Tuch abkühlen lassen.

DINKELBAGUETTE ÜBER NACHT

ZUTATEN FÜR 3 BAGUETTES

Kochstück

30g Dinkelmehl Type 630
150g Wasser

Autolyseteig

400g Dinkelmehl Type 630
170g Dinkelmehl Type 1050
300g Wasser

Hauptteig

Kochstück
Autolyseteig
2g frische Hefe
15g Salz

1. Für das Kochstück Mehl und Wasser glatt rühren, in einem Topf unter ständigem Rühren langsam erhitzen und köcheln, bis die Masse eindickt. Mit Frischhaltefolie direkt auf der Oberfläche abdecken und 1–2 Stunden vollständig abkühlen lassen.
2. Für den Autolyseteig Mehle und Wasser nur grob vermischen und 1 Stunde abgedeckt ruhen lassen.
3. Für den Hauptteig alle Zutaten in eine Küchenmaschine geben. Zunächst 2–3 Minuten auf langsamer, dann 5–6 Minuten auf mittlerer Stufe kneten.
4. Den Teig abgedeckt 2 Stunden bei Raumtemperatur ruhen lassen, währenddessen viermal D&F (siehe Seiten 15–16), anschließend 12 Stunden im Kühlschrank reifen lassen.
5. Den Teig dritteln und wie folgt formen: Jeden Teigling leicht platt drücken, von den kurzen Seiten zur Mitte hin einschlagen und straff zu einen Zylinder aufrollen. 10 Minuten entspannen lassen, dann durch rollende Bewegungen unter den Handflächen lang wirken. In einem bemehlten Tuch 1 Stunde ruhen lassen.
6. Rechtzeitig den Ofen mit Backstahl oder -stein auf 250°C (Ober-/ Unterhitze) aufheizen.
7. Die Baguettes sehr schonend (am besten mithilfe eines Bretts) auf ein Backblech wenden und mit jeweils drei sehr schrägen Schnitten einschneiden.
8. Das Backblech direkt auf den Backstahl oder -stein geben, den Ofen gut bedampfen und die Baguettes 10 Minuten anbacken.
9. Den Dampf entweichen lassen, die Ofentemperatur auf 230°C reduzieren und 8–10 Minuten fertig backen.

SAMBASTANGE

ZUTATEN FÜR 3 STANGEN

Autolyseteig

540g Weizenmehl Type 550
20g feiner Maisgrieß (Polenta)
350g Wasser

Hauptteig

Autolyseteig
8g Salz
3,5g frische Hefe

Topping

20g Maisgrieß
10g Pfeffer (grob gemahlen)
5g Salz

1. Für den Autolyseteig die Zutaten in der Küchenmaschine nur grob vermischen und 1 Stunde abgedeckt ruhen lassen.
2. Für den Hauptteig Hefe und Salz zum Autolyseteig geben und zunächst 3–4 Minuten auf langsamer, dann 10–12 Minuten auf mittlerer Stufe kneten.
3. Den Teig abgedeckt 2 Stunden bei Raumtemperatur ruhen lassen, währenddessen dreimal D&F (siehe Seiten 15–16), anschließend 12 Stunden im Kühlschrank reifen lassen.
4. Den Teig dritteln und wie folgt formen: Jeden Teigling leicht platt drücken, von den kurzen Seiten zur Mitte einschlagen und dann straff zu einen Zylinder aufrollen. 10 Minuten entspannen lassen, dann durch rollende Bewegungen unter den Handflächen lang wirken.
5. Alle Toppingzutaten in einer flachen Schale vermengen und die Teiglinge darin wälzen. In einem bemehlten Tuch 1 Stunde ruhen lassen.
6. Den Ofen mit Backstahl oder -stein auf 250°C (Ober-/ Unterhitze) vorheizen.
7. Die Teiglinge sehr schonend (am besten mithilfe eines Bretts) auf ein Backblech wenden und mit jeweils drei sehr schrägen Schnitten einschneiden.
8. Das Backblech direkt auf den Backstahl oder -stein geben, den Ofen kräftig bedampfen und die Stangen 10 Minuten anbacken.
9. Den Dampf entweichen lassen, die Ofentemperatur auf 230°C reduzieren und die Stangen 8–10 Minuten fertig backen.

SCHOKOBRÖTCHEN MIT KAKAO

ZUTATEN FÜR 12 BRÖTCHEN

Kochstück

100g Milch
25g Weizenmehl Type 550

Hauptteig

Kochstück
450g Weizenmehl 550
50g Dinkelmehl 630
40g Backkakao
265–285g Milch
5g frische Hefe
9g Salz
35g Zucker
50g Schokoladentropfen
60g zimmerwarme Butter

Eistreich

1 Ei
1 Prise Salz
2EL Milch
Milch zum Bestreichen

1. Für das Kochstück Milch und Mehl glatt rühren, in einem Topf unter Rühren erhitzen und köcheln, bis die Mischung eindickt, dann abgedeckt abkühlen lassen.
2. Für den Hauptteig alle Zutaten bis auf die Butter verkneten. Bei der Milchmenge 260ml anfangen und nur bei Bedarf langsam steigern. Nach 10 Minuten die Butter zugeben und 3–5 Minuten fertig kneten. Abgedeckt 4 Stunden ruhen lassen.
3. Den Teig in 12 Portionen à 85g teilen, diese rund schleifen und mit Schluss nach oben in einem bemehlten Tuch 8–14 Stunden im Kühlschrank ruhen lassen.
4. Den Ofen auf 200°C (Ober-/ Unterhitze) vorheizen.
5. Für den Eistreich alle Zutaten verquirlen und die Brötchen damit bepinseln. 20 Minuten backen.
6. Unmittelbar nach dem Backen die Brötchen nur mit Milch bestreichen und unter einem Tuch abkühlen lassen.

WELTMEISTERBRÖTCHEN

ZUTATEN FÜR 9 BRÖTCHEN

Brühstück

50g gemischte Kerne, z.B. Sonnenblumenkerne, Sesam, Kürbiskerne, Mohn
20g Haferflocken
100g kochendes Wasser

Autolyseteig

310g Weizenmehl Type 550
140g Weizenvollkornmehl
270g Wasser

Hauptteig

Autolyseteig
50g Roggenvollkornmehl
5g frische Hefe
15g Zuckerrübensirup
15g Butter
12g Salz
Brühstück

Topping

20g Sesam
20g Mohn
30g Sonnenblumenkerne

1. Für das Brühstück Kerne und Haferflocken mit dem kochenden Wasser übergießen und 1–2 Stunden quellen und abkühlen lassen.
2. Für den Autolyseteig alle Zutaten grob verkneten und abgedeckt 1 Stunde ruhen lassen.
3. Für den Hauptteig alle Zutaten bis auf das Brühstück in der Küchenmaschine zunächst 5 Minuten bei langsamer, dann 10–12 Minuten bei mittlerer Geschwindigkeit zu einem glatten Teig verarbeiten.
4. Das Brühstück zugeben und weitere 1–2 Minuten kneten. 4 Stunden bei Raumtemperatur abgedeckt reifen lassen, währenddessen zweimal D&F (siehe Seiten 15–16).
5. Den Teig auf einer bemehlten Arbeitsfläche vorsichtig zu einer Scheibe mit etwa 30cm Durchmesser drücken und ziehen und wie eine Torte in 9 Stücke teilen.
6. Die Oberfläche der Teiglinge leicht befeuchten, die Saaten für das Topping auf einem flachen Teller mischen und die Teiglinge von beiden Seiten leicht hineindrücken.
7. Die Teiglinge auf ein Backblech legen und abgedeckt 40–60 Minuten ruhen lassen.
8. Den Ofen auf 240°C (Ober-/ Unterhitze) vorheizen.
9. Die Brötchen 10 Minuten mit viel Dampf backen.
10. Den Dampf entweichen lassen, die Ofentemperatur auf 220°C reduzieren und die Brötchen 10–12 Minuten fertig backen.

SÜSSGEBÄCK

BERLINER

ZUTATEN FÜR 15–17 BERLINER

260g Vollmilch
530g Weizenmehl Type 550
20g Zucker
18g frische Hefe
60g Butter
9g Salz
Mark von 1 Vanilleschote
4 Eigelb
50g Anstellgut (optional)
5g Backmalz (aktiv) (optional)
Pflanzenöl zum Frittieren

1. Alle Zutaten 10–12 Minuten zu einem glatten Teig verkneten. Anschließend 30 Minuten bei Raumtemperatur ruhen lassen.
2. Den Teig in Portionen à 60g teilen. Die Teiglinge rund formen und mit Schluss nach unten in einem leicht bemehlten Tuch 4 Stunden bei Raumtemperatur ruhen lassen. Die Teiglinge sollten in dieser Zeit ihr Volumen verdoppeln.
3. In eine Pfanne mit hohem Rand oder einer Fritteuse reichlich Öl auf 170–180 °C erhitzen. Die aufgegangenen Teiglinge mit dem Schluss nach oben in das heiße Öl gleiten lassen und von beiden Seiten je 2–3 Minuten goldgelb frittieren. In Portionen frittieren, damit die Teiglinge sich nicht berühren und das Öl nicht zu stark abkühlt.

MILCHBRÖTCHEN

ZUTATEN FÜR 12 BRÖTCHEN

Kochstück

100g Milch
25g Weizenmehl Type 550

Hauptteig

Kochstück
450g Weizenmehl Type 550
50g Dinkelmehl Type 630
60g zimmerwarme Butter
260–280ml Milch
5g frische Hefe
9g Salz
15g Zucker
Schokoladentropfen (optional)

Eistreich

1 Ei
Prise Salz
2EL Milch

1. Für das Kochstück Milch und Mehl glatt rühren, in einem Topf unter Rühren erhitzen und köcheln, bis die Masse eindickt. Abgedeckt abkühlen lassen.
2. Für den Hauptteig alle Zutaten bis auf die Butter verkneten. Bei der Milchmenge mit 220 ml anfangen und nur bei Bedarf mehr zugeben. Nach 10 Minuten die Butter zugeben und 3–5 Minuten fertig kneten. Den Teig abgedeckt 4 Stunden ruhen lassen.
3. Den Teig in 12 Portionen à 85 g teilen, rund schleifen und mit Schluss nach oben und mit einem bemehlten Tuch abgedeckt 8–14 Stunden im Kühlschrank ruhen lassen.
4. Den Ofen auf 200 °C (Ober-/ Unterhitze) vorheizen.
5. Die Brötchen mit Eistreich bepinseln und 20 Minuten backen.
6. Unmittelbar nach dem Backen mit Milch bestreichen und unter einem Tuch abkühlen lassen.

BUTTERZOPF

ZUTATEN

Kochstück

100g Milch
25g Weizenmehl Type 550

Hauptteig

450g Weizenmehl Type 550
50g Dinkelmehl Type 630
220–280g Milch
5g frische Hefe
9g Salz
15g Zucker
60g zimmerwarme Butter

Eistreich

1 Ei
1 Prise Salz

Zuckerstreich

50g heißes Wasser
20g Zucker

1. Für das Kochstück Milch und Mehl glatt rühren, in einem Topf unter Rühren erhitzen und köcheln, bis die Masse eindickt. Abgedeckt abkühlen lassen.
2. Für den Hauptteig alle Zutaten bis auf die Butter verkneten. Bei der Milchmenge mit 220ml anfangen und nur bei Bedarf mehr zugeben. Nach 10 Minuten Butter zugeben und 3–5 Minuten fertig kneten. Den Teig abgedeckt 4 Stunden ruhen lassen.
3. Den Teig je nach Flechttechnik in 3 Portionen teilen, diese jeweils zu 25cm langen Strängen rollen, dann 5 Minuten entspannen lassen. Die Stränge nun auf 50cm Länge rollen. Den Zopf flechten und 45–60 Minuten ruhen lassen.
4. Den Ofen auf 200°C (Ober-/ Unterhitze) vorheizen.
5. Den Zopf mit Eistreich bepinseln und 30 Minuten backen. Für den Zuckerstreich den Zucker in dem heißen Wasser unter Rühren auflösen.
6. Unmittelbar nach dem Backen den Zopf mit Zuckerwasser bepinseln.

CROISSANTS

ZUTATEN FÜR 8–10 CROISSANTS

Teig

50g Wasser
150g Milch
40g Vollei
400g Weizenmehl Type 550
25g Butter
30g Zucker
12g frische Hefe
7g Salz

Butterplatte

200g kalte Butter
etwas Mehl

1. Für den Teig alle Zutaten glatt verkneten, dann 1 Stunde bei Raumtemperatur und anschließend 2–6 Stunden im Kühlschrank ruhen lassen.
2. Die Butter zwischen zwei Lagen Backpapier zu einer 4–6 mm dicken Platte ausrollen und mindestens 2 Stunden kühlen.
3. Den Teig auf die doppelte Größe der Butterplatte ausrollen und die Butter in den Teig einschlagen. Je ein Drittel der Teigplatte zur Mitte hin falten und das Ganze wieder auf die ursprüngliche Größe ausrollen. Nochmals je ein Drittel der Teigplatte zur Mitte falten. 20 Minuten im Kühlschrank ruhen lassen. Wieder auf die ursprüngliche Größe ausrollen und ein drittes Mal falten.
4. Wieder auf die ursprüngliche Größe ausrollen und schmale, spitz zulaufende Dreiecke aus dem Teig schneiden. Diese straff aufrollen und auf einem Backblech abgedeckt 3 Stunden gehen lassen.
5. Den Ofen auf 210 °C Umluft vorheizen.
6. Im Ofen 14–16 Minuten backen.

HAMBURGER FRANZBRÖTCHEN

ZUTATEN FÜR CA. 14 FRANZBRÖTCHEN

Vorteig

125g Weizenvollkornmehl
125g Weizenmehl Type 550
250g Wasser
5g frische Hefe

Teig

Vorteig
750g Weizenmehl Type 550
250g kaltes Wasser
100g Zucker
15g Salz
15g frische Hefe

Außerdem

500g Butter (zum Tourieren)
100g Zimtzucker
30g zerlassene Butter

Eistreich

1 Ei
1 Prise Salz

1. Für den Vorteig alle Zutaten verrühren, dann 3 Stunden bei 30 °C, anschließend 3 Stunden im Kühlschrank reifen lassen.
2. Die Butter zum Tourieren zu einer Platte mit 20 x 20cm Größe vorbereiten (siehe »Croissants«, Seite 130).
3. Für den Teig alle Zutaten 3–4 Minuten kneten.
4. Den Teig auf 30 x 30cm rollen und die Butterplatte darin einschlagen.
5. Auf 20 x 80cm ausrollen, doppelte Tour legen: den Teig nun von der kurzen Seite zu ²/₃ einschlagen und von der anderen Seite das dritte Drittel einschlagen, sodass der Stoß etwas neben der Mitte liegt. Nun den Teig nochmal in der Hälfte falten, sodass ein Quadrat entsteht. Einmal wiederholen. 30 Minuten im Kühlschrank ruhen lassen.
6. Den Teig auf 30 x 60cm ausrollen, mit der zerlassenen Butter bestreichen und mit dem Zimtzucker bestreuen, dann aufrollen. 4cm breite Streifen abschneiden, mit der Öffnung nach oben mit dem Stab eines Kochlöffels sehr tief eindrücken und gewendet auf zwei Backbleche verteilen. 4 Stunden bei Raumtemperatur ruhen lassen.
7. Den Ofen auf 200 °C (Umluft) vorheizen.
8. Für den Eistreich Ei und Salz verquirlen und die Franzbrötchen damit bestreichen. 20 Minuten backen. Während des Backens die Ofentemperatur nach und nach auf 180 °C reduzieren.

DONUTS AUS DEM OFEN

ZUTATEN FÜR 12 DONUTS

Vorteig

150g Milch
150g Weizenmehl Type 405
0,2g frische Hefe

Hauptteig

Vorteig
220g Milch
500g Weizenmehl Type 405
1 Ei
1 Eigelb
40g Zucker
10g Salz
14g frische Hefe
75g zerlassene Butter

1. Für den Vorteig alle Zutaten verrühren und abgedeckt 24 Stunden reifen lassen.
2. Für den Hauptteig alle Zutaten bis auf die Butter in der Küchenmaschine 15–20 Minuten kneten, bis sich der Teig vom Schüsselrand löst. Abgedeckt 1 Stunde bei Raumtemperatur ruhen lassen.
3. Den Teig in 12 Portionen à 70g teilen. Jeden Teigling rund wirken, mit einem Stab ein Loch in die Mitte stechen und in schwingender Bewegung um den Stab weiten. Die Unterseite der Teiglinge in zerlassene Butter tunken, dann auf ein Backblech legen und die Oberseite mit Butter bepinseln. Abgedeckt 30 Minuten ruhen lassen.
4. Den Ofen auf 180°C (Umluft) vorheizen.
5. Die Donuts für 13–15 Minuten backen, noch warm (nicht heiß) glasieren und auskühlen lassen.

SCHOKO-ZIMT-ZUPFBROT

nach @breadbyelise

ZUTATEN

Teig

320g Weizenmehl Type 550
170g Milch
30g Zucker
6g Salz
40g Frischkäse
50g Vollei
12g frische Hefe
20g Butter

Füllung

75g sehr weiche Butter
100g Zucker
½ TL Zimt
50g Schokoladentropfen

1. Für den Teig alle Zutaten bis auf die Butter auf kleiner Stufe 10 Minuten kneten, die Butter zugeben und weiter 5–8 Minuten kneten, bis der Teig glatt ist. 90 Minuten bei Raumtemperatur ruhen lassen.
2. Den Teig auf einer bemehlten Arbeitsfläche auf die doppelte Breite der zu verwendenden Kastenform ausrollen, dann die Teigplatte halbieren (auf Kastenformbreite), jeweils mit Butter bestreichen, mit Zucker, Zimt und Schokolade bestreuen und wie eine Ziehharmonika gefaltet in die gut gefettete Kastenform legen. Abgedeckt 60–90 Minuten ruhen lassen.
3. Den Ofen auf 180 °C (Ober-/ Unterhitze) vorheizen.
4. Im Ofen 30–35 Minuten backen.

SCHOKOCROISSANTS (PAINS AU CHOCOLAT)

ZUTATEN FÜR 8–10 BRÖTCHEN

Teig

400g Weizenmehl Type 550
200g Milch
30g Zucker
30g frische Hefe
35g Butter
10g Salz
8g Backmalz
16 Schokostäbe

Butterplatte

170g Butter

Eistreich

1 Ei

1. Die Butter zwischen zwei Lagen Backpapier zu einer 22 x 22cm großen Platte ausrollen. 30 Minuten kalt stellen.
2. Für den Teig alle Zutaten grob vermischen, bis sie sich verbunden haben, nicht kneten.
3. Den Teig auf 22 x 44cm ausrollen, die Butterplatte darin einschlagen, in Frischhaltefolie wickeln und 30 Minuten kalt stellen.
4. Den Teig tournieren: Je ein Drittel der Teigplatte zur Mitte hin falten und das Ganze wieder auf die ursprüngliche Größe ausrollen. Nochmals je ein Drittel der Teigplatte zur Mitte falten. 20 Minuten im Kühlschrank ruhen lassen. Wieder auf die ursprüngliche Größe ausrollen und ein drittes Mal falten.
5. Zum Schluss den Teig 6–7 mm dick ausrollen und 8cm breite Streifen schneiden.
6. Jeweils 2 Schokostäbe darin einrollen. Die Teiglinge 2 Stunden bei Raumtemperatur ruhen lassen.
7. Den Ofen auf 200°C (Ober-/ Unterhitze) vorheizen.
8. Die Teiglinge mit verquirltem Ei bestreichen und mit viel Dampf für 12–13 Minuten backen.

SPECIAL / ALL IN ONE

All-in-one-Brote bestechen durch ihre besondere Einfachheit.
Die Zutaten können alle auf einmal verknetet werden,
ohne dass man Vorteige oder andere Teigstufen herstellen muss.

AUFFRISCHWEIZENBROT

ZUTATEN

Teig

200g Weizenmehl 550
200g Weizenmehl 1050
160g Weizenvollkornmehl
380ml Wasser
100g Anstellgut
12g Salz
5g frische Hefe

1. Alle Zutaten zu einem homogenen Teig kneten.
2. Abgedeckt 4 Stunden ruhen lassen, jeweils nach 30, 60 und 90 Minuten D&F (siehe Seiten 15–16).
3. Den Teig auf einer bemehlten Arbeitsfläche rund wirken. Mit dem Schluss nach oben in einen Gärkorb geben und 10–14 Stunden im Kühlschrank ruhen lassen.
4. Den Ofen mit Topf auf 250°C (Ober-/ Unterhitze) vorheizen.
5. Den Teig in den Topf stürzen und die Ofentemperatur direkt auf 230°C reduzieren. Nach 20 Minuten den Deckel abnehmen und weitere 25–35 Minuten oder bis zur gewünschten Bräunung fertig backen.

NO-BRAINER-BROT

ZUTATEN

Teig

400g Weizenmehl Type 550
160g Weizenvollkornmehl
11g Salz
2g Trockenhefe
390g Wasser
50g Anstellgut (optional)

1. Zuerst alle trockenen Zutaten gut vermischen, dann das Wasser und das Anstellgut (falls verwendet) zugeben und zu einem glatten Teig verarbeiten. 4 Stunden abgedeckt bei 24°C (oder 5 Stunden bei 22°C) ruhen lassen.
2. Nach 1 Stunde das erste Mal D&F (siehe Seiten 15–16), dann noch zweimal im Abstand von je 30 Minuten.
3. Einen Laib formen und in einem bemehlten Gärkorb 2 Stunden im Kühlschrank ruhen lassen.
4. Den Ofen auf 250°C (Ober-/ Unterhitze) vorheizen.
5. Das Brot in den Ofen geben, sofort Dampf erzeugen und die Ofentemperatur auf 220°C reduzieren.
6. Im Ofen 45 Minuten bei 220°C backen.

PITA

ZUTATEN FÜR 5 PITA

350g Weizenmehl Type 550
100g Milch (Meine Wahl: Haferdrink)
160g Wasser
7g Salz
7g frische Hefe
Olivenöl zum Einpinseln und Ausbacken

1. Alle Zutaten in eine Schüssel geben und 4–5 Minuten verkneten. Der Teig ist anfangs noch klebrig und bindet erst während der Reife.
2. Den Teig mit Olivenöl bepinseln und abgedeckt 1 Stunde ruhen lassen, dann einmal D&F (siehe Seiten 15–16), dann weitere 3 Stunden ruhen lassen.
3. Auf einer großzügig bemehlten Arbeitsfläche den Teig in 6 Portionen teilen und jeden Teigling 5 mm dick ausrollen.
4. In einer Pfanne mit etwas Olivenöl bei mittlerer Hitze 2–3 Minuten pro Seite ausbacken.

24-STUNDEN-MISCHBROT

ZUTATEN

4g frische Hefe
370g Wasser
330g Weizenmehl Type 550
200g Roggenmehl Type 1150
11g Salz

1. In einer Schüssel die Hefe im Wasser auflösen, dann alle übrigen Zutaten zugeben und alles mit einem Holzlöffel so lange verrühren, bis keine Mehlnester mehr zu sehen sind.
2. Den Teig abgedeckt 4 Stunden bei Raumtemperatur reifen lassen.
3. Den Teig schonend auf eine leicht bemehlte Arbeitsfläche stürzen und rund formen. Anschließend mit dem Schluss nach unten in einen bemehlten Gärkorb geben, abdecken und 20 Stunden im Kühlschrank reifen lassen.
4. Den Ofen mit einem gusseisernen Topf auf 250°C (Ober-/ Unterhitze) vorheizen.
5. Den Brotteig in den Topf stürzen, die Ofentemperatur auf 230°C reduzieren und den Teig 10 Minuten mit Deckel backen.
6. Den Deckel abnehmen, die Ofentemperatur auf 210°C reduzieren und das Brot weitere 30–40 Minuten bis zur gewünschten Bräunung fertig backen.

DAS EINFACHSTE BROT DER WELT

ZUTATEN

1g frische Hefe
300g Wasser
400g Weizenmehl Type 550
8 g Salz

1. Die Hefe im Wasser lösen, dann Mehl und Salz zugeben. Alles mit einem Holzlöffel grob vermischen, bis keine Mehlnester mehr zu sehen sind.
2. Den Teig abgedeckt 14–15 Stunden bei Raumtemperatur reifen lassen.
3. Den Ofen mit Backblech auf 250 °C (Ober-/ Unterhitze) vorheizen.
4. Den Teig auf einer bemehlten Arbeitsfläche flach drücken und von allen vier Seiten einmal zur Mitte hin falten. In einem bemehlten Tuch ruhen lassen, bis die Ofentemperatur erreicht ist.
5. Den Teig auf das heiße Backblech wenden und 35–40 Minuten backen.

JOGHURTKRUSTE

ZUTATEN

0,7g frische Hefe
230g Wasser
550g Weizenmehl Type 550
200g Joghurt, 3,5% Fett
11g Salz
11g Olivenöl

1. Die Hefe mit einer Feinwaage abwiegen. (Alternativ: Eine Hefekugel in der Größe einer kleinen Erbse entspricht etwa 0,7g.)
2. Die Hefe in einer Schüssel im Wasser auflösen, dann die übrigen Zutaten zugeben und mit einem Holzlöffel so lange verrühren, bis keine Mehlnester mehr zu sehen sind.
3. Den Teig abgedeckt 22 Stunden bei Raumtemperatur reifen lassen. Am Anfang der Reifezeit nach 30, 60 und 90 Minuten jeweils D&F (siehe Seiten 15–16).
4. Den Teig behutsam auf eine leicht bemehlte Arbeitsfläche stürzen und rund formen. Mit dem Schluss nach unten in einen bemehlten Gärkorb geben und weitere 2 Stunden ruhen lassen.
5. Den Ofen mit einem gusseisernen Topf auf 250 °C (Ober-/ Unterhitze) vorheizen.
6. Den Teig in den Topf stürzen und 20 Minuten mit Deckel backen.
7. Den Deckel abnehmen, die Ofentemperatur auf 220 °C reduzieren und 20–30 Minuten bis zur gewünschten Bräunung fertig backen.

KÜRBISBROT NO KNEAD

ZUTATEN

250g Kürbis
100–200ml Wasser
325g Weizenmehl 550
50g Weizenmehl 1050
8g Salz
3g frische Hefe

1. Den Kürbis schälen, entkernen und grob in Stücke schneiden. In 100ml Wasser 20–25 Minuten dünsten, anschließend pürieren oder durch die Kartoffelpresse drücken und abkühlen lassen.
2. Alle Zutaten inklusive Kürbispüree in einer Schüssel gut verrühren, bis keine Mehlnester mehr zu sehen sind. 1 Stunde ruhen lassen, währenddessen zweimal D&F (siehe Seiten 15–16). Achtung: Je nach Konsistenz des Pürees ist mehr oder weniger Wasser nötig. Nur so viel Wasser zugeben, dass ein geschmeidiger Teig entsteht.
3. Einen Laib formen, in einen Gärkorb geben und 60–90 Minuten bis kurz vor der Vollgare ruhen lassen.
4. Den Ofen auf 250°C (Ober-/ Unterhitze) vorheizen.
5. Die Teigoberfläche einschneiden und mit viel Dampf 50 Minuten backen. Die Ofentemperatur nach und nach auf 220°C reduzieren. Nach 20 Minuten den Ofen mehrfach öffnen, um den Dampf entweichen zu lassen.

Glossar

ABSTREICHEN

- Abstreichen bezeichnet das Bestreichen oder Bepinseln des Teiglings mit einer Flüssigkeit.

AUSBUND

- Ausbund ist der Fachbegriff für die aufgerissene Stelle der Brotkruste.

AUTOLYSE

- Unter Autolyse versteht man eine Methode, mit der die Backeigenschaften von Mehl verbessert werden können. Mehl und Wasser werden zu einem Nullteig verknetet und 20–180 Minuten stehen gelassen. Dabei können Stärke und Eiweiß im Mehl verkleistern, und es bilden sich langkettige Klebereiweißstränge (Glutenstränge).

BRÜHSTÜCK

- Als Brühstück bezeichnet man Zutaten, die mit kochendem Wasser übergossen werden und dann ausquellen. Das können Getreideerzeugnisse, aber auch Körner, Saaten oder altbackenes Brot sein.

D&F / DEHNEN UND FALTEN

- Dehnen und Falten ist der Vorgang, bei dem der geknetete Teig während seiner Ruhephase langgezogen und wieder zusammengefaltet wird. Die Prozedur dient der Stärkung des Klebergerüsts, der Entgasung des Teigs und der Versorgung mit Sauerstoff.

EINSCHIEBEN

- Einschieben beschreibt das In-den-Ofen-Befördern der Teiglinge. Es wird auch als »Einschießen« bezeichnet.

FENSTERTEST

- Der Fenstertest wird eingesetzt, um die Elastizität und den Entwicklungsstand des Klebergerüsts zu prüfen. Hierzu wird der Teig an einer Stelle mit feuchten Händen aufgespannt und versucht, ein möglichst dünnes Teigfenster zu bilden. Wenn dieses Fenster hauchdünn und lichtdurchlässig ist, ohne zu reißen, ist das Klebergerüst maximal ausgebildet.

FERMENTOLYSE

- Fermentolyse ist das Gleiche wie Autolyse, mit dem Unterschied, dass hier schon ein Triebmittel mit zum Teig gegeben wurde.

GÄRTOLERANZ

- Der Begriff Gärtoleranz beschreibt die Fähigkeit des Teigs, auch über den optimalen Reifepunkt hinaus noch backfähig zu bleiben. Die Gärtoleranz kann z.B. durch Zugabe von Vitamin C erhöht werden.

HITZESCHILD

- Ein Backblech, das zum Abschirmen der direkten Oberhitze oberhalb des Brotes in den Ofen geschoben wird. Es verhindert zu schnelles Verkrusten der Teigoberfläche und verbessert damit den Ofentrieb..

HYDRATION

- Die Hydration ist die international übliche Angabe für die Teigausbeute (TA, siehe dort) in Prozent. Hierfür wird die gesamte Flüssigkeitsmenge ins Verhältnis zur Gesamtmenge an Mehl gesetzt. Ein Teig mit 1000g Mehl und 600ml Wasser hätte dementsprechend eine Hydration von 60%.

KOCHSTÜCK

- Für ein Kochstück wird Mehl mit Flüssigkeit unter ständigem Rühren erhitzt, wodurch eine puddingähnliche Konsistenz erreicht wird. Durch diesen Vorgang verkleistert die Stärke im Mehl, wodurch sie viel mehr Wasser binden kann. Dadurch erhält man saftigere Backwaren, die länger frisch bleiben. Besonders für Dinkelgebäck ist das eine gängige Methode, um Trockenbacken vorzubeugen. Ein Nachteil des Kochstücks ist jedoch, dass es die Teigstabilität reduziert.

KRUME

- Krume beschreibt den inneren Teil des Brotes, also alles, was innerhalb der Kruste liegt.

KRUSTE

- Die Kruste ist die äußere Schicht des Backwerks.

NULLTEIG

- Unter einem Nullteig versteht man einen Teig ohne Triebmittel.

OFENTRIEB

- Von Ofentrieb spricht man, wenn man die Volumenzunahme während des Backens beschreiben möchte, also wie stark der Teigling im Ofen aufgeht.

QUELLSTÜCK

- Als Quellstück bezeichnet man Zutaten, die vor dem Kneten des Teiges in Flüssigkeit quellen gelassen werden. Das können Getreideerzeugnisse, aber auch Körner, Saaten oder altbackenes Brot sein.

RÖSCHE

- Rösche beschreibt einen wünschenswerten Zustand der Kruste. Eine rösche Kruste ist knusprig und zartsplittrig.

SCHLUSS

- Der Schluss ist das Ende eines Teiglings, das verschlossen wurde – also die Stelle, an der beim Straffen und Formen die Teigenden zusammengeführt und wie eine Naht geschlossen wurden.

SCHWADEN

- Schwaden oder Beschwaden beschreibt das Backen mit Wasserdampf im Backraum.

TEIGAUSBEUTE

- Teigausbeute wird oft mit TA abgekürzt und beschreibt den Flüssigkeitsgehalt eines Teigs. Hierfür wird das Gesamtgewicht des Mehls mit dem Wert 100 festgelegt und das Schüttflüssigkeitsgewicht im entsprechenden Verhältnis addiert. TA 175 entspricht also einem Teig aus 100 Teilen Mehl und 75 Teilen Wasser. (siehe auch Hydration).

TEIGTEMPERATUR (TT)

- Die Temperatur des Teiges.

WIRKEN

- Wirken ist der Fachbegriff für das Formen von Teiglingen.

Bibliografische Information der Deutschen Nationalbibliothek
Die Deutsche Nationalbibliothek verzeichnet diese Publikation in der Deutschen Nationalbibliografie.
Detaillierte bibliografische Daten sind im Internet über https://dnb.de abrufbar.

Für Fragen und Anregungen
info@m-vg.de

Wichtiger Hinweis
Ausschließlich zum Zweck der besseren Lesbarkeit wurde auf eine genderspezifische Schreibweise sowie eine Mehrfachbezeichnung verzichtet. Alle personenbezogenen Bezeichnungen sind somit geschlechtsneutral zu verstehen.

Originalausgabe
7. Auflage 2025

Türkenstraße 89
80799 München
Tel.: 089 651285-0

Redaktion: Anna Gülicher-Loll
Umschlaggestaltung: Isabella Dorsch
Umschlagabbildungen und Abbildungen im Innenteil: filmfluence GmbH
Satz: Satzwerk Huber
Druck: Balto Print UAB, Litauen
Printed in the EU

ISBN Print 978-3-7423-2283-8
ISBN E-Book (EPUB, Mobi) 978-3-7453-2075-6